2021年国家社科基金年度项目《地方政府防范化解重大安全风险协同机制研究》（21BZZ091）阶段性成果

四川省防范化解重大安全风险协同治理机制研究

陈旭　曹静　吴蔚　著

北京

国家行政学院出版社
NATIONAL ACADEMY OF GOVERNANCE PRESS

图书在版编目（CIP）数据

四川省防范化解重大安全风险协同治理机制研究／陈旭，曹静，吴蔚著．—北京：国家行政学院出版社，2023.10

ISBN 978-7-5150-2765-4

Ⅰ．①四… Ⅱ．①陈… ②曹… ③吴… Ⅲ．①突发事件-危机管理-研究-四川 Ⅳ．①D630.8

中国国家版本馆 CIP 数据核字（2023）第 095140 号

书　　名	四川省防范化解重大安全风险协同治理机制研究 SICHUANSHENG FANGFAN HUAJIE ZHONGDA ANQUAN FENGXIAN XIETONG ZHILI JIZHI YANJIU	
作　　者	陈旭　曹静　吴蔚　著	
统筹策划	陈科	
责任编辑	刘锦	
出版发行	国家行政学院出版社 （北京市海淀区长春桥路6号　100089）	
综 合 办	（010）68928887	
发 行 部	（010）68928866	
经　　销	新华书店	
印　　刷	北京九州迅驰传媒文化有限公司	
版　　次	2023年10月北京第1版	
印　　次	2023年10月北京第1次印刷	
开　　本	170毫米×240毫米　16开	
印　　张	15.25	
字　　数	216千字	
定　　价	50.00元	

本书如有印装问题，可联系调换。联系电话：（010）68929022

目录
Contents

第一章　防范化解重大安全风险协同治理机制理论阐释 ... 1
- 第一节　防范化解重大安全风险问题概述 ... 1
- 第二节　防范化解重大安全风险协同治理机制的理论基础 ... 22
- 第三节　防范化解重大安全风险协同治理机制构建的基本原则 ... 26

第二章　防范化解重大安全风险协同治理的系统构成 ... 33
- 第一节　协同治理机制的内涵 ... 33
- 第二节　防范化解重大安全风险协同治理价值导向 ... 43
- 第三节　防范化解重大安全风险协同治理系统构成要素 ... 54
- 第四节　防范化解重大安全风险协同治理维度 ... 65

第三章　防范化解重大安全风险协同治理主体结构 ... 68
- 第一节　防范化解重大安全风险多元主体参与的价值意义 ... 68
- 第二节　防范化解重大安全风险协同治理体系主体构成 ... 74
- 第三节　防范化解重大安全风险协同治理主体结构现状 ... 83
- 第四节　防范化解重大安全风险协同治理主体建设存在的问题及原因分析 ... 93
- 第五节　防范化解重大安全风险协同治理主体培育机制对策 ... 100

第四章　防范化解重大安全风险协同治理运行机制 ... 107
- 第一节　防范化解重大安全风险协同治理运行机制现状 ... 107
- 第二节　防范化解重大安全风险协同治理运行机制构建中存在的问题 ... 114

第三节　防范化解重大安全风险协同治理运行机制的构建维度　　126

　　第四节　防范化解重大安全风险协同治理运行机制的优化路径　　137

第五章　防范化解重大安全风险协同治理保障机制　　150

　　第一节　防范化解重大安全风险协同治理保障机制的现状　　150

　　第二节　防范化解重大安全风险协同治理保障机制构建的意义　　160

　　第三节　防范化解重大安全风险协同治理保障机制构建的原则　　165

　　第四节　影响防范化解重大安全风险协同治理保障机制构建的因素　　169

　　第五节　构建防范化解重大安全风险协同治理保障机制的对策　　174

第六章　防范化解重大安全风险协同治理评价机制　　181

　　第一节　防范化解重大安全风险协同治理评价内容　　181

　　第二节　防范化解重大安全风险协同治理评价方法　　184

　　第三节　防范化解重大安全风险协同治理评价指标体系　　186

　　第四节　防范化解重大安全风险协同治理能力评价方法　　194

　　第五节　防范化解重大安全风险协同治理行为评价实证研究　　198

第七章　防范化解重大安全风险中协同治理机制的实践　　202

　　第一节　防灾减灾救灾协同治理机制运行与优化　　203

　　第二节　社会矛盾预防与化解协同治理机制运行与优化　　213

　　第三节　安全生产事故协同治理机制运行与优化　　221

参考文献　　230

后　记　　232

第一章
防范化解重大安全风险协同治理机制理论阐释

防范化解重大安全风险是一个系统工程，仅仅依靠政府的力量是远远不够的，必须多方主体参与。研究防范化解重大安全风险协同治理机制，宜从两方面切入：首先要从理论上进行阐释，针对问题的来源，从政策的要求和现实的需要进行分析；其次是对相关的概念进行梳理，厘清研究问题的基础和范围，分析支撑该问题研究所涉及的相关理论，以便用理论来指导实践。

第一节 防范化解重大安全风险问题概述

随着社会的发展，现代国家所面临的首要问题已经不是物质匮乏，而是风险前所未有的多样性以及风险所造成结果的严重性。1986年，德国社会学家乌尔里希·贝克在《风险社会》中首次用"风险社会"这个概念来解释和描述关于后工业时期的社会形态的变迁。2004年，贝克教授针对中国社会发展，提出了因巨大的社会变迁中国正进入风险社会的这一说法，目前中国可能正处于泛城市化发展阶段，表现在城市容纳问题、不均衡发展和社会阶层分裂,以及城乡对比度的持续增高等方面,这些安全风险问题对于社会治理存在重要影响。因此,针对重大安全风险,政府必须采取有效措施应对处置。

一、防范化解重大安全风险问题的提出

随着经济社会的发展,风险问题已经成为全球各国所面临的必然问题。2019年1月,习近平总书记在省部级主要领导干部坚持底线思维着力防范化解重大风险专题研讨班开班式上发表重要讲话,从战略和全局高度,分析了当前和今后一个时期我国面临的安全形势,阐明了需要着力防范化解的重大风险,对各级党委、政府和领导干部负起防范化解重大风险的政治责任提出了明确要求。要深入学习领会防范化解重大安全风险的主要内涵和特征意义,就必须了解这个问题提出的缘由和背景。

(一) 防范化解重大安全风险问题提出的政策背景

防范化解重大安全风险是新时代政府工作的重要任务,也是中央和地方各级政府一直关注的焦点领域。当前和今后一个时期是我国各类矛盾和风险易发期,各种可以预见和难以预见的风险因素明显增多。新中国成立以来,在党的领导下,中央和地方出台了系列相关政策文件,应对战胜了各种安全风险挑战。坚持统筹发展和安全,增强机遇意识和风险意识,树立底线思维,是我国有效防范化解重大安全风险、顺利推进社会主义进程的重要政策经验。

1. 中央关于防范化解重大安全风险的政策要求

党的十八大以来,习近平总书记对新形势下我国防范化解重大安全风险工作作出了系列部署,从顶层设计到基层实践都提出了系列要求,党的十九大把防范化解重大风险作为决胜全面建成小康社会三大攻坚战的首要战役，更是对防范化解政治、经济、科技等领域的重大风险提出了明确要求。

2019年1月，习近平总书记在省部级主要领导干部坚持底线思维着力防范化解重大风险专题研讨班开班式上对当前防范化解重大风险作出了指示："面对波谲云诡的国际形势、复杂敏感的周边环境、艰巨繁重的改革发展稳定任务，我们必须保持高度警惕，既要高度警惕'黑天鹅'事件，也要防范'灰犀牛'事件；既要有防范风险的先手，也要有应对和化解风险挑战的高招；既要打好防范和抵御风险的有准备之战，也要打好化险为夷、转危为机的战略主动战。"具体来说，习近平总书记从防范化解政治、意识形态、经济、科技、社会、外部环境等领域的重大风险提出了明确要求。

在政治、意识形态领域要坚决贯彻总体国家安全观，落实党中央关于维护政治安全的各项要求，确保我国政治安全。政治风险是各个领域风险中的首要风险，在我国人民民主专政的社会主义国家背景下，政治风险直接关系着政权的稳定性，而意识形态风险的防范和化解情况则和中国特色社会主义事业建设成败息息相关。针对当前因干部统筹能力不强等内因、多元化思潮冲击等外因造成的各种安全风险问题，总体上要坚决贯彻总体国家安全观，确保政治安全。网络舆情方面要持续巩固壮大主流舆论，加大舆论引导力度，加快建立网络综合治理体系，推进依法治网。另外，习近平总书记还强调，要高度重视对青年一代的思想政治工作，完善思想政治工作体系，不断创新思想政治工作内容和形式，教育引导广大青年形成正确的世界观、人生观、价值观，增强中国特色社会主义道路、理论、制度、文化自信，确保青年一代成为社会主义建设者和接班人。

在经济领域方面，习近平总书记强调既要保持战略定力，推动我国经济发展沿着正确方向前进，又要增强忧患意识，未雨绸缪，精准研判、妥善应对经济领域可能出现的重大风险。经济发展程度是国家强盛与否的重要物质基础，我国经济在取得一定成绩的同时，随着全球经济一体化进程的加快和全面深化改革的深入，经济领域也存在诸如金融、产业安全等更多的风险问题。习近平总书记用七个"要"对经济领域的风险防范化解作出了具体指导：一是要平衡处理好稳增长和防风险的关系，把握好节奏和力度；二是要稳妥实施房地产市场平稳健康发展长效机制方案；三是要加强市场心理分析，做好政策出台对金融市场影响的评估，善于引导预期；四是要加强市场监测，加强监管协调，及时消除隐患；五是要切实解决中小微企业融资难、融资贵问题，加大援企稳岗力度，落实好就业优先政策；六是要加大力度妥善处理"僵尸企业"处置中启动难、实施难、人员安置难等问题，加快推动市场出清，释放大量沉淀资源；七是要采取有效措施，做好稳就业、稳金融、稳外贸、稳外资、稳投资、稳预期工作，保持经济运行在合理区间。

科技领域风险的存在威胁着国家安全的物质技术基础和创新驱动发展战略的进行，同时也影响着其他领域的安全问题。针对目前我国科技创新能力不强、核心技术受限等问题，习近平总书记提出：一要加强体系建设和能力建设，完善国家创新体系，解决资源配置重复、科研力量分散、创新主体功能定位不清晰等突出问题，提高创新体系整体效能；二要加快补短板，建立自主创新的制度机制优势；三要加强重大创新领域战略研判和前瞻部署，抓紧布局国家实验室，重组国家重点实验室体系，建设重大创新基地和创新平台，完善产学研协同创新机制；四要强化事关国家安全和经济社会发展全局的重大科技任务的统筹组织，强化国家战略科技力量建设；五要加快科技安全预警监测体系建设，围绕人工智能、基因编辑、医疗诊断、自动驾驶、无人机、服务机器人等领域，加快推进相关立法工作。

社会领域的风险涵盖面非常广，包括了治安、恐怖暴力事件以及群体性事件等，就社会发展状况来看，我国目前社会领域发展态势良好，人民生活水平显著提高，但社会矛盾加剧、网络安全问题凸显等各种风险的发生概率也明显提高。因此，习近平总书记针对社会领域的风险防范提出了六"要"要求：一要切实落实保安全、护稳定各项措施，下大气力解决好人民群众切身利益问题，全面做好就业、教育、社会保障、医药卫生、食品安全、安全生产、社会治安、住房市场调控等各方面工作,不断增加人民群众获得感、幸福感、安全感;二要坚持保障合法权益和打击违法犯罪两手都要硬、都要快;三要对涉众型经济案件受损群体坚持把防范打击犯罪同化解风险、维护稳定统筹起来,做好控赃控人、资产返还、教育疏导等工作;四要继续推进扫黑除恶专项斗争,紧盯涉黑涉恶重大案件、黑恶势力经济基础、背后"关系网""保护伞"不放,在打防并举、标本兼治上下功夫;五要创新完善立体化、信息化社会治安防控体系,保持对刑事犯罪的高压震慑态势,增强人民群众安全感;六要推进社会治理现代化,坚持和发展"枫桥经验",健全平安建设社会协同机制,从源头上提升维护社会稳定能力和水平。

外部环境领域风险主要是在国际环境中存在的风险,涉及政治、经济、文化等多个领域,随着全球一体化进程的加快,外部环境也呈现出复杂多变的特征。恐怖主义、经济安全、国家信息安全等风险长期存在,习近平总书记针对当前复杂的外部环境风险,提出了三个方面的明确要求:要统筹国内国际两个大局、统筹发展和安全两件大事,既聚焦重点、又统揽全局,有效防范各类风险连锁联动;要加强海外利益保护,确保海外重大项目和人员机构安全;要完善共建"一带一路"安全保障体系,坚决维护主权、安全、发展利益,为我国改革发展稳定营造良好外部环境。

2. 四川省委关于防范化解重大安全风险的要求

四川省地域范围广,人口数量多,是发生安全风险最为严重的省份之一。为有效应对复杂形势和严峻挑战,防范化解重大安全风险,四川省以习近平新时代中国特色社会主义思想为指导,深入学习贯彻习近平总书记关于防范化解重大风险系列重要论述和党中央决策部署,树牢底线思维、提高防控能力,在2021年出台《四川省突发事件总体应急预案(试行)》,从组织指挥体系、运行机制等方面对突发事件应对作出明确部署和要求,以确保全省经济持续健康发展和社会大局稳定。

防灾减灾救灾方面：为了进一步规范和加强全省洪涝、地质灾害应急处置项目管理，提高财政资金使用效益，加强四川省防灾减灾救灾工作，2020年四川省政府印发了《四川省抢险救灾工程项目管理办法》，第十二条规定"负责确定抢险救灾工程项目的省级行业主管部门或者市（州）、县（市、区）人民政府建立相应抢险救灾项目工程队伍储备库"；第二十一条规定"省级行业主管部门可根据本办法，结合工作实际，制定具体实施意见"。

矛盾预防与化解方面：四川省把化解社会矛盾纳入"一把手"工程，在2019年出台《四川省纠纷多元化解条例》，用五章共四十九条规定对四川省矛盾预防和化解机制进行了规定要求。一方面从立法层面巩固、规范和促进纠纷多元化解工作，另一方面从制度上解决制约多元化纠纷解决机制发展的瓶颈难题。一是对纠纷多元化解工作领导责任制作出规定，按照职责分工建立健全纠纷风险预防、排查分析、依法处理等机制。二是强化纠纷源头治理、标本兼治。明确要求完善纠纷预防、排查、调处、化解机制工作。开展重大行政决策社会稳定风险评估，健全行政执法监督和纠错机制，建立纠纷排查分析工作制度，纠纷分级分类管理和分级递进调处机制，多发性、群体性和重大疑难复杂纠纷研究、预防、督办机制等。推动党政主导，社会广泛参与，努力推动社会矛盾排查、预警、化解的一体化、常态化、规范化，着力从源头上预防和化解社会稳定风险事件和重大群体性纠纷。

安全生产方面：安全生产是关系人民群众生命财产安全的大事，是经济社会健康协调发展的基础。为了加强地方各级党委和政府对安全生产工作的领导，健全落实安全生产责任制，把做好安全生产的各项举措落实到防范化解安全风险的具体行动中，2019年四川省召开安全生产工作专题视频会议，强调要以从严从实从细的要求狠抓工作落实；之后，四川省相继出台了《地方党政领导干部安全生产责任制规定》《四川省党政领导干部安全生产责任制实施细则》等政策文件，明确防范化解重大安全风险的责任落实。而针对安全生活风险防范和化解，四川省提出重点抓好专项整治、监管执法、事故问责与安全约谈、清单制管理等方面的工作。

一是专项整治方面：针对危化品、煤矿安全、消防安全等重点行业和领域的安全风险采取专项整治。开展化工园区风险评估分级，落实化工园区（集中区）"一园一案"，持续深化危化品企业安全风险分级管控和隐患排查治理；煤矿安全方面关键是严格执行"四个下来"，加强煤矿安全风险研判和分级分类管控，加强煤矿安全标准化建设，推进机械化、智能化、自动化建设；消防安全方面要制定大型综合体、高层建筑、"多合一"、古建筑、重要景点景区等场所消防安全管理导则。

二是监管执法方面：保持严管重罚的高压态势，推进"互联网＋监管＋信息化"建设，加强安全生产事中事后监管，部署开展"创安2021"专项执法行动，以"四不两直"等方式，严厉打击安全生产非法违法行为，积极发挥事故的教育警示作用。

三是事故问责与安全约谈方面：依法依规做好每一起生产安全责任事故的调查处理，建立常态化事故整改措施落实评估机制，事故结案后一年内要组织开展评估，加强和改进调查评估对安全生产工作的促进作用。

四是清单制管理方面：推行"行业共性＋企业个性"模式，进一步优化责任清单，全面运用安全生产领域"两书一函"制度，切实将安全生产责任落实到最小工作单元。落实党政领导责任，深入贯彻《地方党政领导干部安全生产责任制规定》，推动制定党政领导干部安全生产职责清单和年度清单。要当好党委、政府的参谋助手，在招商引资中严防已淘汰的高风险产能异地转移、风险转嫁，从源头上防范化解安全风险。

突发公共卫生事件方面：2021年出台《四川省突发公共卫生事件应急预案（试行）》，明确了各类突发公共卫生事件分级分类和预案框架体系，规定了省政府应对突发公共卫生事件的工作原则、组织体系、工作机制等内容，明确了各有关部门在人力、财力、物力、交通运输、通信等应急保障工作方面的具体职责。

(二) 防范化解重大安全风险问题研究的现实需要

按照中央要求，对照四川省发展实践，四川省安全生产和防灾救灾的基础仍然薄弱，形势复杂严峻，既有存量风险又有增量风险，城市高风险和农村不设防的安全状况没有根本改变，重点行业领域的高风险特征没有根本改变，事故隐患大量存在的现状没有根本改变，在高速发展过程中外部环境深刻复杂的新问题新风险不断增加，对公共安全造成严重威胁。

1. 防范化解重大安全风险问题的研究基础薄弱

研究防范化解重大风险问题的文献资料较少，对于风险问题的研究，国外的研究比国内的研究更早，我国从 20 世纪 80 年代才开始出现比较成熟的关于风险问题的研究文献。

从研究数量来看，我国对经济领域的"风险社会"和"风险问题"的研究相对较晚，根据中国知网（CNKI）已发表的数据来源分析，发现 1982 年开始出现含"风险问题"的文献，1986 年开始出现含"风险防范"的文献。但研究安全风险问题防范与化解的文献较少，起步也比较晚。搜索篇名"安全风险"并含"防范与化解"发现，截至 2021 年，共有各类论文共计 439 篇，首篇文献出现在 1998 年（见图 1-1）。

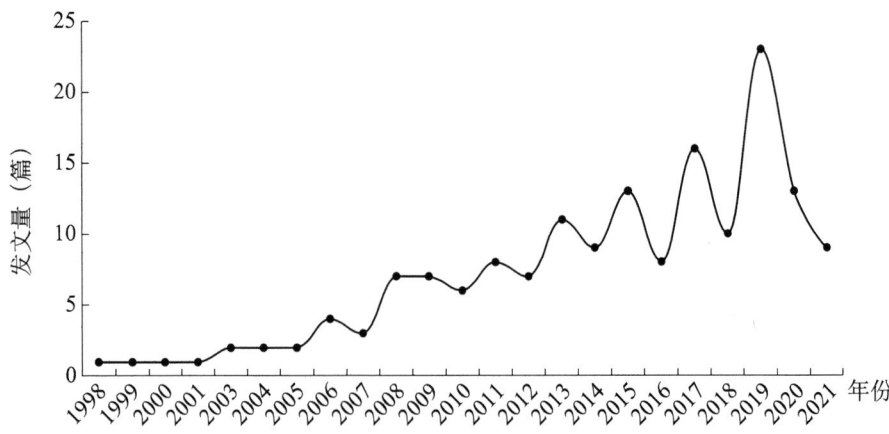

图 1-1　防范化解安全风险问题相关研究文献统计（1998—2021 年）

从研究内容来看,防范和化解重大安全风险问题的研究主要包括防范化解安全风险问题的总体研究及对各种具体安全风险问题的防范化解研究,如对自然灾害的防范化解、对矛盾纠纷问题的防范化解与对安全生产和突发公共卫生事件等问题的研究(见图1-2)。

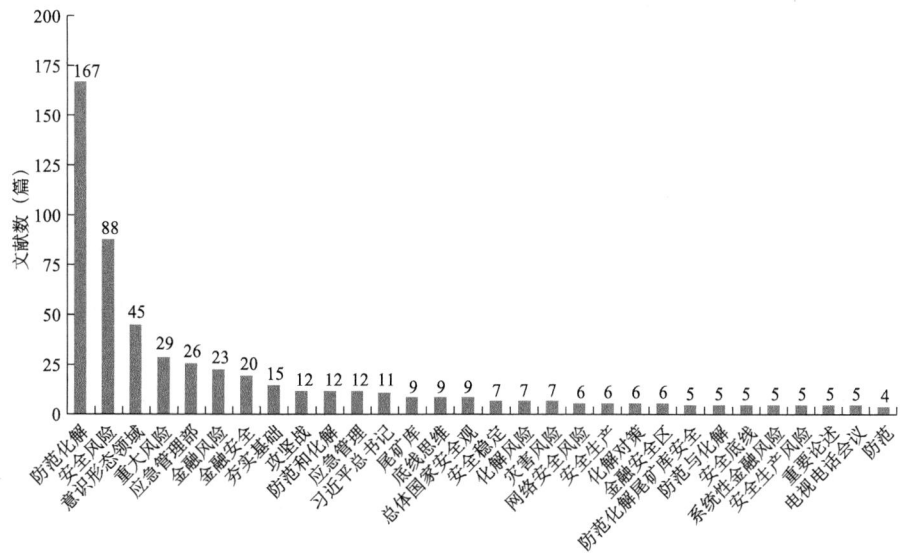

图1-2 防范化解安全风险问题相关研究主题统计

一是对防范化解安全风险问题的总体研究。2012年11月,习近平总书记在党的十八届一中全会上指出:"面对复杂多变的国际形势和艰巨繁重的国内改革发展稳定任务,我们一定要居安思危,增强忧患意识、风险意识,着力解决经济社会发展中的突出矛盾和问题,有效防范各种潜在风险,努力保持社会和谐稳定。"在防范化解重大安全风险问题上,要注重发挥制度优势,运用制度威力应对风险挑战的冲击,并提出防范化解重大风险是各级党委、政府和领导干部的政治职责,各级党委和政府要增强责任感和自觉性,提高风险监测防控能力,主动作为、敢于担当。①

---

① 《下好先手棋 打好主动仗——习近平总书记关于防范化解重大风险重要论述综述》,《经济日报》2021年4月15日。

二是对自然灾害的防灾减灾救灾研究。党的十八大以来，我国政府更加重视防灾减灾救灾工作。习近平总书记对新形势下我国防灾减灾救灾工作提出了一系列新思想新理念新战略，并推动建立了全国自然灾害综合风险普查评估制度。2018年提出把灾害风险调查和重点隐患排查工程作为提高自然灾害防治能力"九项重点工程"的基础部分。谢振华、姚选民从风险排查体系、灾种防御体系、灾害宣教体系进行了分析，认为当前从这几个领域着手，能精准掌握灾害隐患底数，有效阻断灾害传导链条，持续增强全民防灾意识，有利于将自然灾害的破坏损失降至最低，为人民生命财产安全提供坚强保障。① 汪明、李志雄、史培军强调综合减灾能力评估和综合风险评估的重要性，认为评估是客观认识自然灾害风险和隐患的重点，而评估是在调查基础上开展的，包括主要自然灾害致灾危险性评估、各主要承灾体脆弱性与暴露度评估、自然灾害重点隐患评估、主要自然灾害风险评估等。②

三是对矛盾纠纷问题的防范化解研究。2021年1月，中央出台的《关于全面推进乡村振兴加快农业农村现代化的意见》中指出，在加强党的农村基层组织建设和乡村治理工作中，健全矛盾纠纷多元化解机制，深入排查化解各类矛盾纠纷，全面推广"枫桥经验"。马晓宁对农村社区矛盾纠纷治理机制进行了研究，从利益机制、结构体系、法律制度设计的层面，通过党组织领导的"三治融合"乡村治理体系，实现农村社区矛盾纠纷治理机制的转型与发展；③ 周欢秀从立法层面对社会矛盾纠纷多元化解路径进行了分析，认为应促进社会矛盾纠纷多元化解的统一立法，明确立法的原则、要求及制度设计，对实现社会矛盾纠纷多元化解的法治化和规范化具有重要意义。④

---

① 谢振华、姚选民：《全面提升自然灾害综合防范能力》，《学习时报》2021年2月22日。
② 汪明、李志雄、史培军：《全面推进第一次全国自然灾害综合风险普查 着力提升防范化解重大灾害风险能力》，《中国减灾》2021年5月上。
③ 马晓宁：《乡村振兴背景下农村社区矛盾纠纷治理机制研究》，《湖北经济学院学报》（人文社会科学版）2021年第8期。
④ 周欢秀：《社会矛盾纠纷多元化解的立法路径研究》，《法制与社会》2021年第20期。

四是对安全生产风险问题的防范化解研究。安全生产事故的发生绝大多数是由于人的不安全行为、物的不安全状态、不良的生产环境以及管理上的缺陷造成的。顾林生提出进一步压实企业安全生产责任，深化监管执法体制改革，加强安全生产教育培训，充分发挥媒体的作用，是有效提高安全生产的重要途径；① 张妍琴认为，提高技术手段与增强风险意识是企业安全生产风险防控的主要途径。②

五是对突发公共卫生事件的防范化解研究。构建现代化的突发公共卫生事件应急管理体系是提升国家治理现代化水平的重要课题和必然选择。王红伟从突发公共卫生事件的特征入手，提出构建突发公共卫生事件应急管理体系的有效路径；③ 李雪峰通过分析若干典型国家的总体应急管理体系、卫生应急管理体系的特点，客观分析我国卫生应急管理体系的成绩和不足，并提出了相应建议；④ 白月从领导层角度分析了领导干部应对突发公共卫生事件舆情和舆论的方式方法，提出领导干部在应对突发公共卫生事件中舆情处置和舆论引导方面的绝对作用。⑤

2. 防范化解重大安全风险的现实形势严峻

习近平总书记立足新时代党的国家的发展大局，把防范化解重大风险摆在了党和国家工作的重要位置，而防范化解重大安全风险是防范化解重大风险中的主要组成部分，深入学习和了解防范化解重大安全风险的内容，必须首先认识和了解当前防范化解重大安全风险的现实形势。

党的十九大报告指出，我国的社会主要矛盾已经从人民日益增长的物质文化需求和落后的社会生产之间的矛盾转化为人民日益增长的美好生活需要和不平衡不充分的发展之间的矛盾。改革开放40多年来，四川省的社

---

① 顾林生：《深入基层赴现场，瞄准风险开良方》，《中国应急管理》2021年第8期。
② 张妍琴：《企业安全生产风险防控与对策分析》，《中国设备工程》2021年第15期。
③ 王红伟：《我国突发公共卫生事件应急管理体系建设研究》，《卫生经济研究》2021年第9期。
④ 李雪峰：《健全国家突发公共卫生事件应急管理体系的对策研究》，《行政管理改革》2020年第4期。
⑤ 白月：《领导干部应对突发公共卫生事件舆情和舆论的方式方法》，《领导科学》2020年第8期。

会经济都发生了巨大的变化：一方面，面对严峻复杂的国内外形势，在党和政府的领导下，四川省经济总体向上，实施"一干多支、五区协同""四向拓展、全域开放"等战略部署，全面建成小康社会成绩显著，人民群众的生活水平得到了很大的提高。但同时也必须看到，人民群众对美好生活的需求日益广泛，对民主、法治、公平、安全等方面的需求也日益多元化。另一方面，虽然四川省GDP在全国排名靠前，但发展不平衡不充分的问题更为突出，发展质量和效益都还有待提升，贫富差距巨大等，都有可能造成各种安全风险问题的产生，比如因贫富差距而造成的矛盾纠纷，因产业发展而造成的安全生产问题等，因此，面对当前不平衡不充分的现实形势，如何回应人民群众日益增长的美好生活需要，如何有力防范和化解重大安全风险、满足人民群众的期盼，是当前政府工作的重要任务之一。

重大安全风险具有不确定性、复杂性、扩散性和紧迫性的特征，虽然全省各级政府都非常重视风险防范和化解，但重大安全风险引发的突发事件仍然存在，且造成人员伤亡和财产损失。因此，防范化解重大安全风险是一个系统工程，必须不断完善全省防范化解重大安全风险治理机制，采取有效防范化解措施才能建设平安四川，推动四川省应急管理体系和能力现代化，为四川高质量发展保驾护航。

二、相关概念阐释

重大安全风险涉及众多领域，以人民安全为宗旨、以政治安全为根本、以经济安全为基础、以军事科技文化社会安全为保障、以促进国际安全为依托，全力防范化解重大安全风险，有效应对各类灾害事故，完善公共安全体系，确保人民群众生命财产安全和社会稳定是新时代政府工作的重要内容。而协同治理机制是防范和化解重大安全风险的重要模式手段。协同治理机制是指在党的领导下，政府、企业、社会组织及公众在维护社会秩序、保障公共安全、协调社会关系、促进社会公共事务发展中的相互配合、相互协作、共同行动的运行方式。社会治理协同机制的核心在于"协同",即参与社会治理工作的主体要有同一的目标,在实现目标过程中要有行动上的协调、配合。

防范化解重大安全风险协同治理机制涉及众多领域,所涉及的概念也非常广泛,本书拟选择对防范化解重大安全风险协同治理的系统构成、主体结构、运行机制、保障机制和评价机制进行研究探索,最后在这些研究的基础上分析四川省的防灾减灾救灾治理机制、社会矛盾预防与化解协同治理机制、安全生产事故协同治理机制、突发公共卫生事件协同治理机制等的实践情况,最后分析得出防范化解重大安全风险协同治理机制运行与优化的路径与建议。

(一) 防灾减灾救灾治理机制

我国是世界上自然灾害最为严重的国家之一,灾害种类多、分布地域广、发生频率高、造成损失重,我国因极端天气造成森林火灾、水旱灾害和重特大地震风险持续上升,局地多灾群发并发和灾害链发生情况突出,重大灾害对经济社会的影响更趋复杂。21世纪以来,我国因地质灾害、洪涝、地震造成的死亡人数分别居世界第一、第二、第三位,年均登陆我国大陆的12级以上台风4.1个,比20世纪90年代增加了46%。防灾减灾救灾机制的健全事关人民群众生命财产安全、社会稳定和国家安全。2016年7月,习近平总书记在河北省唐山市调研考察时强调:"要落实责任、完善体系、整合资源、统筹力量,提高全民防灾抗灾意识,全面提高国家综合防灾减灾救灾能力。"

防灾减灾救灾治理机制主要针对的重大安全风险是自然灾害类风险。根据《中共中央 国务院关于推进防灾减灾救灾体制机制改革的意见》(以下简称《意见》),构建与经济社会发展相适应的防灾减灾救灾体系,主要从以下几个方面着手。

1. 统筹协调机制

随着经济社会的稳步发展和自然生态环境改变，各种风险灾害频繁发生，如何把握全盘、科学统筹，成为各级党委、政府发挥领导作用需要面对的现实课题。防灾减灾救灾的统筹协调机制主要包含两个方面的内容：一是灾害管理统筹机制，包括对各种自然灾害管理全过程的综合协调、资源统筹和工作协调；二是综合减灾统筹机制，灾害风险管理理念与意识的统筹培养，转变重救灾轻减灾思想，将防灾减灾救灾纳入各级国民经济和社会发展总体规划，作为国家公共安全体系建设的重要内容。

2. 属地管理机制

属地管理机制主要是指在重大自然灾害的防灾减灾救灾治理过程中，在党和政府的统筹指导下，责任主体的划分与管理。在自然灾害的防灾减灾救灾过程中，地方政府统一指挥更具有信息优势，决策和协调治理工作也能迅速展开。一是地方应急救灾主体责任的划分与管理，坚持分级负责、属地管理为主的原则，进一步明确中央和地方应对自然灾害的事权划分；二是灾后恢复重建工作制度的管理，特别重大自然灾害灾后恢复重建要坚持中央统筹指导、地方作为主体、灾区群众广泛参与的新机制，中央与地方各负其责，协同推进灾后恢复重建；三是军地协调联动制度的管理，军队和武警部队参与抢险救灾的应急协调机制，明确需求对接、兵力使用的程序方法。

3. 综合减灾能力建设

提高综合减灾能力，加强自然灾害风险隐患综合管理能力建设，是当前面对各种自然灾害的必要手段。一是灾害风险防范能力，包括各种灾害监测和相关的基础设施建设、自然灾害监测预报预警体系；二是信息共享机制，包括防灾减灾救灾信息传递与共享技术标准体系，跨部门业务协同和互联互通，实现各种灾害风险隐患、预警、灾情以及救灾工作动态等信息共享；三是救灾物资和装备统筹保障能力，包括救灾物资储备体系、物资调配和资源统筹利用能力、应急物流体系、应急物资综合信息平台体系；四是高科技支撑能力，包括防灾减灾救灾高端智库体系，科技支撑防灾减灾救灾工作的政策措施和长效机制，大数据、云计算、地理信息等新技术新方法运用能力等。

4. 社会力量和市场参与机制

随着市场经济建设的不断推进和社会转型的进一步深化，各类突发事件层出不穷，仅仅依靠政府体制内的救援力量难以有效解决各类危机。党的十八大以来科学总结了社会治理实践和理论创新成果，提出要打造一种共建共治共享的社会治理新格局。《意见》中指出应完善社会力量和市场参与机制，鼓励支持社会力量全方位参与危机事件的全过程，坚持政府推动原则、群众自愿原则、市场运作原则，充分发挥市场机制在风险防范、损失补偿、恢复重建方面的作用。完善突发事件中社会力量和市场参与机制，有利于整合应对突发事件的物资资源，动员应对突发事件的人员力量，加强突发事件应对中政府与社会的沟通协调，促进社会健康稳定和谐地发展。一是完善社会力量参与机制、政府与社会力量协同救灾联动机制，包括社会力量参与救灾行动评估和监管体系等；二是完善市场参与机制，包括应对灾害的金融支持体系、巨灾保险制度、多层次巨灾风险分散机制等。

要进一步增强忧患意识、责任意识，坚持以防为主、防抗救相结合，坚持常态减灾和非常态救灾相统一，努力实现从注重灾后救助向注重灾前预防转变，从应对单一灾种向综合减灾转变，从减少灾害损失向减轻灾害风险转变，全面提升全社会抵御自然灾害的综合防范能力。习近平总书记的重要论述为新时代做好防灾减灾救灾工作提供了基本遵循，明确了做好防灾减灾救灾工作的新理念新要求。《意见》强调，推进防灾减灾救灾体制机制改革，要更加注重灾害风险管理，更加注重综合减灾，更加注重分级负责、属地管理，更加注重发挥市场机制和社会力量作用。2018年10月，习近平总书记在主持召开中央财经委员会第三次会议时强调，加强自然灾害防治关系国计民生,要建立高效科学的自然灾害防治体系,提高全社会自然灾害防治能力,为保护人民群众生命财产安全和国家安全提供有力保障。

(二)社会矛盾预防与化解协同治理机制

社会安全是社会安定、社会秩序良好的重要体现,是人民安居乐业的重要保障。社会安全一方面与人民群众基本生活息息相关,另一方面与整个经济社会发展相辅相成,它是最基本的民生。本书主要探讨社会安全中的矛盾纠纷的预防和化解。近年来,各级政府在社会矛盾风险防控方面努力摸索,采取有力措施化解社会矛盾,促进了社会和谐稳定。但新型社会矛盾不断涌现,新旧矛盾交织,如果不能有效科学地预防和化解,对社会稳定和长治久安将造成巨大的负面影响。因此,必须增强忧患意识,建立适应现代社会发展的矛盾预防与化解协同治理机制。

社会矛盾预防与化解协同治理机制是指由党政领导、综治牵头、司法推动、部门参与、社会协同、法治保障的矛盾纠纷风险防控协同治理机制。对矛盾的预防治理机制是指在作出涉及群众切身利益的重大决策前,对可能影响社会稳定的因素开展系统调查,进行科学预测、分析和评估,制定风险应对策略和预案,落实责任主体。如此一来,可以有效规避、预防、控制重大事项实施过程中可能产生的社会稳定风险。矛盾的化解协同治理机制是指在党的领导下,充分发挥各参与主体的力量,协同处理各种矛盾纠纷。在法律制度日趋完善的当下,应重点发挥社会多元化调解的作用,发扬"枫桥经验",全面调动社会力量,大力发展第三方专业调解组织,鼓励社会组织如医疗、金融、物业等社会组织设立调解委员会,发展专业性、行业性调解,以专业优势推进专业类调解的社会化。在此基础上,要不断完善人民调解员制度,发扬民主倡导群众自我管理。要及时为各类化解社会矛盾的第三方参与进来创造良好的制度和法律环境,确定参与的条件与界限、服务补贴和优惠政策等,让社会力量参与社会矛盾化解做到有法可依。

(三) 安全生产事故协同治理机制

安全生产事故,指生产经营的单位在生产经营的过程中,短时间之内突然发生的,损害人身安全和健康的,或损坏设施设备的,或出现经济损失的,造成原本的生产经营活动短暂中止或永久终止的意外事件,该事故是具有人的过失性的事故。根据相关规定,安全生产事故主要涵盖两种类型:第一类是生产经营活动中发生的造成人身伤亡或者直接经济损失的事故;第二类是环境污染事故、核设施事故、国防科研生产事故。安全生产事故协同治理指在安全生产事故的防范和化解过程中,多元主体基于利益共同体需要采取集体行动,互相配合、相互协调、协同进步以达到协同治理的目的。

安全生产是国家经济社会的重要组成部分,按照党中央的要求,推进安全生产治理体系现代化,强化适应全面深化改革要求的安全生产治理能力,是安全生产领域的一项紧迫任务。只有建设科学、有效的现代安全生产事故协同治理机制,安全生产工作才能跟上全面深化改革的步伐。安全生产治理能力是运用安全生产制度管理安全生产各方面事务的能力,是安全生产制度的执行力。安全生产事故协同治理机制和治理能力是一个有机整体,二者相辅相成,有了好的安全生产协同治理机制才能提高治理能力,提高了安全生产治理能力才能充分发挥协同治理机制的效能。安全生产的直接目的是保障人民群众的生命安全、身体健康和减少事故损失,其根本目的是确保经济社会的可持续发展,使每个劳动者能够在和谐的社会和工作环境中有尊严地、体面地、自身安全与健康权益能够得到确实保护地劳动。因此,做好安全生产工作,必须实现多元主体协同治理,共同推进安全生产与经济发展、社会进步相协调。

(四) 突发公共卫生事件协同治理机制

突发公共卫生事件是指突然发生，造成或者可能造成社会公众健康严重损害的重大传染病疫情、群体性不明原因疾病、重大食物和职业中毒以及其他严重影响公众健康的事件。根据突发公共卫生事件性质、危害程度、涉及范围，突发公共卫生事件可划分为特别重大（Ⅰ级）、重大（Ⅱ级）、较大（Ⅲ级）和一般（Ⅳ级）四级。由此可见，突发公共卫生事件是不同于常规治理的紧急事件，具有成因多样性、分布差异性、传播广泛性、危害复杂性、治理综合性、新发事件不断性、种类多样性等特点。突发公共卫生事件协同治理机制是指在应对这些突发公共卫生事件的治理过程中，在党的领导下，构建政府主导，市场、社会和公众等多元主体共同参与的协同治理的机制，通过强化各主体的资源整合和协同治理，保障人民群众的生命财产安全。

突发公共卫生事件协同治理机制应实现不同主体的协同治理，主要涵盖了两个方面的内容：一方面是国家层级的应急协同治理机制。在国家层面上，突发公共卫生事件的应急组织体系是由应急指挥机构、日常管理机构、专家咨询委员会、应急处理专业技术机构组成的，这四个部分构成一个指挥有力、信息共享、专业高效的突发公共卫生事件应急体系。另一方面是地方层级政府主体之间的治理机制。在省级层面上，突发公共卫生事件的应急主体应该包括各级人民政府、医疗机构、疾病预防控制机构、卫生监督机构、出入境检验检疫机构，共同进行公共卫生信息化建设及推动信息化共享机制、突发公共卫生事件应急的法治保障机制、社会市场参与机制等，各部门各司其责，配合完成协同治理的工作。

三、防范化解重大安全风险的主要内容

防范化解重大安全风险，旨在针对我国面临的各领域的安全风险问题

及时作出有效的处理措施。这一概念，涵盖了防范和化解两个层面的内容。防范指的是预防，强调风险的预估和判断情况。这需要我们在有效掌握所面临的安全风险类型的基础上，进行系统的分析整合，才能有效地形成预估判断，并防范和化解。化解指的是处理，强调对突发的安全风险进行应对和处理，是一种事发后的处理过程，这需要提高统筹处理风险的能力，形成一套科学有效的处理机制，从而增强风险应对能力。防范化解重大安全风险的领域，可概括为对自然灾害的防灾减灾救灾、对矛盾纠纷情况的防范化解、对安全生产事故的防范和化解，以及对突发公共卫生事件的防范化解。

防范化解重大安全风险，增强风险防范意识和提高风险应对能力是当前政府工作的重点之一，而现实情况是部分领导干部的风险意识还有待提高，更多的偏向事后补救处理，防范层面工作不到位或者能力欠缺，缺乏周期性的风险意识教育。风险防范意识是应对风险能力的具体表现，领导干部必须积极主动了解重大安全风险的特征，学习相关理论，这对增强风险意识和提高风险应对能力具有重要作用。

四、防范化解重大安全风险的基本特征

认清形势、研判走势、把握大势，是做好重大安全风险防范化解工作的前提和基础。随着改革开放不断深入和经济社会不断发展，我国当前所处的国内外安全环境发生了很大的变化，面临的重大安全风险挑战在态势上也发生了很大的变化，呈现出整体上多元主体性、频率多发性、结构连锁性、风险复合性四大特点。

（一）多元主体性

防范化解重大安全风险协同治理的主体是多元的，既包括在社会管理中一直承担重要甚至主导角色的政府，也包括这些年逐渐凸显出来的作为

政府重要补充力量的市场化组织、社会非营利组织等。协同治理的手段是复合的，既有政府通过行政或者市场手段提供公共产品和公共服务，也有市场化组织通过市场化手段提供公共产品和公共服务，还有非营利组织通过市场化手段或者社会动员手段提供公共产品和公共服务。在多元主体协作关系中，一个核心概念就是公共责任，多元社会治理实现了从片面强调政府在社会管理中的单方责任向同时强调政府、市场、社会共同责任的转变。在公共责任的框架下，社会的自治与自我管理在各个组织与公民个体的民主参与下才可以实现，这种民主意识不仅体现在多元的社会主体相互合作中，而且体现在各个社会自治组织内部多元民主管理中。多个社会治理主体之间的协作意味着商议、参与、合作、信息的自由和无限制的传递，以及以妥协和相互理解为基础的契约，将有助于对权力和资源的更为公平的分配和再分配。

（二）频率多发性

易发多发是基于对当前所面临重大风险治理的整体态势，对我国风险态势所作的基本判断。进入21世纪，党中央根据世情国情的新变化，提出了"重要战略机遇期"的基本判断，认为头20年是一个必须紧紧抓住并且可以大有作为的重要战略机遇期。随着中国特色社会主义进入新时代，我国发展仍处于重要战略机遇期，同时也处于风险易发多发期，面临的风险挑战前所未有，在体制转轨和社会转型的过程中，政治、经济、社会、文化、生态等领域内不断积累的各种深层次矛盾和问题逐渐显露，重大安全风险的爆发频率呈现多发性特征。

（三）结构连锁性

结构连锁性是基于对所面临各种重大安全风险的结构特点，对各领域的重大安全风险态势所作的基本判断。与以往相比，在当今日益开放、相互依存的世界，风险之间往往具有叠加、耦合、演化的特征。从类型来看，

四、社会资本理论

社会资本是指个人在一种组织结构中所处的位置的价值。于群体而言，社会资本是指群体中使成员之间互相支持的那些行为和准则的积蓄。皮埃尔·布迪厄最早提出"社会资本"这一概念，他认为，社会资本是"实际或潜在资源的集合，这些资源与相互默认或承认的关系所组成的持久网络有关，而且这些关系或多或少是制度化的"[1]。帕特南认为社会资本即社会组织的特征，比如新人、网络和规范等，他们能够通过推动协调的行动来提高社会效率。[2] 社会资本作为社会结构中的一种资源，是个人和社会在突发事件情境下最可信赖的基础资源之一，可在防范和化解重大安全风险中发挥重要作用。在安全风险问题预防环节，社会资本在确定导致危机的不稳定性因素、消除安全隐患、防止事态扩大等方面发挥着重要的作用；在安全风险问题应急准备环节的应用除传统的人力、物资等资源的准备之外，还体现在社会文化和社会规范两个社会资本要素的准备方面。在重大安全风险化解的应急响应阶段，规范、信任、网络等多重社会资本要素发挥共同作用；而最后在突发事件最初的冲击波过后，社会资本的恢复功能开始显现。传统型社会资本（亲属关系、邻里关系）和现代型社会资本（政策扶持、社区服务、民间组织参与）共同为事后恢复阶段作出贡献。

五、信息不对称理论

信息不对称是指在市场经济活动中，各类人员对有关信息的了解是有差异的；掌握信息比较充分的人员往往处于比较有利的地位，而信息贫乏

---

[1] 皮埃尔·布迪厄：《文化资本与社会炼金术：布迪厄访谈录》，上海人民出版社1997年版，第202页。
[2] 罗伯特·D. 帕特南：《使民主运转起来》，江西人民出版社2001年版，第195页。

的人员则处于比较不利的地位。在防范化解重大安全风险问题中的信息不对称主要存在于政府、企业和公众、媒体之间的信息差异，从而可能引发一系列的危机。面对重大安全风险问题，企业可能出于对自身利益的追求而隐瞒部分信息，导致政府在信息甄别的过程中付出更多的行动成本，政府考虑到政府的形象和政绩等因素而不愿意及时准确全面地公布事件的详细信息，导致政府与公众的信息出现不对称现象，影响政府公信力。

第三节 防范化解重大安全风险协同治理机制构建的基本原则

防范化解重大安全风险协同治理机制构建是一个长期的、复杂的工程，需要在党的领导下，发挥政府主导作风，在遵循一定的基本原则条件下，社会各领域力量共同参与，面对各领域的重大安全风险问题，共同构建科学的防范化解重大安全风险协同治理机制。

一、党委领导

坚持党的领导是预防和化解重大安全风险协同治理的首要原则。中国特色社会主义最本质的特征是中国共产党领导，中国特色社会主义制度的最大优势是中国共产党领导。坚持党的领导是完善党委领导、政府负责、民主协商、社会协同、公众参与、法治保障、科技支撑的社会治理体系的根本要求。党的领导是中国特色社会治理的显著优势，坚持党的领导，才能保证预防和化解重大安全风险协同治理机制建设的正确方向。坚持党的领导，就要在预防和化解重大安全风险协同治理机制建设各环节发挥党的领导核心的作用。

党的十八大以来，以习近平同志为核心的党中央高度重视防范化解重大风险工作，强调要把维护安全发展放在贯彻落实总体国家安全观中来思考，放在推进国家治理体系和治理能力现代化中来把握，放在保障人民群众获得感、幸福感、安全感中来落实。因此，必须旗帜鲜明讲政治，坚持和加强党的集中统一领导，这也是防范化解重大安全风险协同治理机制构建的根本政治保证。新中国成立70多年来，党领导人民解决了众多领域的重大安全风险，造就了社会长期稳定的奇迹。因此，在全面从严治党新形势下，防范化解重大安全风险协同治理必须坚持党委领导原则，继续发挥制度优势，发挥党总揽全局、把握方向、凝聚力量的作用，切实把党领导经济工作的制度优势转化为治理效能，深入贯彻习近平总书记系列重要讲话精神，紧紧围绕防范化解重大风险这个中心，全面落实党的二十大精神，增强"四个意识"、做到"两个维护"，凡是有利于党的领导和巩固社会主义基层基础的事就坚定不移做，凡是不利于党的领导和巩固社会主义基层基础的事就坚决不做，始终坚持党的领导，打造忠诚担当可靠的防范化解重大安全风险的应急管理队伍，强化基层防范化解重大安全风险的基础，全面推进政治、思想、组织、作风、纪律和制度建设，为防范化解重大安全风险协同治理机制的构建提供坚强政治保证。

二、政府负责

重大安全风险的高度跨界性和突发性，引发人们对跨区域公共危机协同治理问题的密切关注。政府作为各领域重大安全风险协同治理的主体力量，在有效推进治理过程并消解风险危机上起着核心作用。政府能否实现有效沟通，整合、激发和调动社会力量参与，是政府增强权威和公信力的核心要素，也是政府提高危机治理能力的关键。

政府负责在显性层面上表现为政府在风险问题治理中的角色定位和地

位的界定，它既不是风险治理的普通参与主体，也不是垄断性的统治者角色，本质上来看，政府负责是政府相对于其他主体而言，在治理安全风险过程中，对人、财、物方面客观优势的承认。按照应对突发事件的属地管理为主的原则，坚持政府负责、部门联动、社会参与、专家支持、合力应对，是有效解决各种安全风险问题的有力保障。坚持各级政府在防范化解重大安全风险协同治理工作中的主导作用，加强各部门之间的协同配合，积极组织动员社会各界力量参与重大安全风险的防范化解，充分调动各方面积极性，有利于形成主体多元化、方式多样化的防范化解重大安全风险协同治理新格局。

三、协商民主

协商民主是中国特色社会主义民主政治中独特的、独有的、独到的民主形式，代表着平等、自由的主体借助对话、讨论、审议、协商等方式提出各自的理由，在尊重并理解其他主体的偏好基础上，广泛考虑公共利益，利用理性指导协商，从而保证决策的合法性和科学性。在防范化解重大安全风险中，协商民主能有效地整合社会关系，减少社会矛盾，扩大社会共识。荷兰的沃特·阿赫特贝格认为："实践的结果只有一种类型的民主，那就是沿着协商民主的方向拓展和加强自由民主，只有它才能使风险社会从容应对各种灾难并实现可持续性发展的目标。"协商民主能把各参与主体的共同利益放在核心位置上，通过参与，各主体能明确责任，从而有利于防止"有组织的不负责任"的情况出现。这种情况一般表现为：一是在风险来临时，无法有效应对，难以承担起事前预防和事后解决的责任，尽管当前的制度设计和方式手段都已经高度发达；二是各主体之间因为利益博弈，导致协同治理没能达到预期目标甚至失败，而各个治理主体反而利用法律漏洞作为手段为其辩护。因此，政府主导下的协商民主是解决这种"有组织的不负责任"情况的有效途径。

在防范化解重大安全风险中,协商民主主要表现为政府在联合行动中通过沟通协商等方式逐步调整一致的动态机理过程。"越是非常规的、复杂的、难处理的风险事件,越需要相互配合、协调联动。"① 通过差异化目标、利益分解、耦合性目标、利益组合等方面的协商,力促实现多元治理主体角色的正向转变,力争做到在危机预防、处理、善后各阶段步伐一致且相互配合。各个治理主体的有效的协商可以使多主体发挥协同效应,形成强大合力,克服集体行动困境,降低治理成本。

四、社会协同

社会协同中的"社会"主要是指各类公共的或私人的组织乃至公民个人,促进社会力量共同参与防范化解重大安全风险的活动和过程,充分发挥各类社会组织在安全风险识别、风险评估、风险监测、预警信息传播、安全风险的应对与处置等方面的积极作用,通过彼此间的协同与合作,实现党委、政府、社会中介组织之间明确的分工协作,建立起互联互动的社会良性互动协同机制,实现防范化解重大安全风险的整体功效。

坚持社会协同原则,其本质是在防范化解重大安全风险中,参与主体除了政府机构和部门之外,还包括市场组织、社会组织甚至是公民个人,促进由政府单一主体向政府与社会其他主体多元协同应对的转变,通过发挥它们各自特有的资源和优势,实现防范化解风险效率的最大化和方式的最优化。同时,无论是政府还是社会组织和社会公众,他们在防范化解重大安全风险时都会存在资源不足和信息失真(通常所说的信息不完整性)问题,使得防范和化解风险无法依靠单一手段或者单一主体去有效应对和处置。长期以来,在防范化解重大安全风险过程中,主要是依靠政府自上而下的行政权威和强制力来实现。然而,社会协同原则不仅强调政府的强

---

① 范维澄、闪淳昌等:《公共安全与应急管理》,科学出版社2017年版,第22页。

制力，更需要不同主体之间建立在自愿和平等基础上的协商对话，通过协同共治的方式来防范化解重大安全风险。

五、公众参与

公众作为重大安全风险治理的主体，其参与程度与效果对安全风险治理绩效起着关键作用。我国应急管理模式长期以来是以政府为中心，政府在重大安全风险治理中处于主体地位，社会公众则处于从属地位，其安全风险治理参与不足，这是导致我国重大安全风险治理绩效低下的主要原因。目前，我国重大安全风险管理的公众参与还存在组织程度低、参与意愿不强、参与透明度低、参与能力较弱、代表性和有责性不足等问题。

公众参与原则在重大安全风险识别、风险研判、风险沟通、风险感知等环节中具有关键作用。为了实施公众参与原则，需要采取相应的制度措施，包括建立公众参与的制度体系、平台、宣传、教育以及监督机制。政府应构建公众参与的制度体系，明确参与的程序、方式、时间和范围，以确保公众参与的合法性和公正性；政府还应及时公开与重大安全风险相关的信息，包括风险评估、风险管理措施、应急预案等，以便公众了解情况并参与应对处置。同时加强宣传和教育，提高公众参与的质量和效果。通过有效落实公众参与原则，可以提升重大安全风险防范和化解工作的科学性、民主性和透明度，增强公众的参与意识和责任感，保障社会稳定和公共安全。

六、权责一致

权责一致指在防范化解重大安全风险的协同治理中，治理的主体所拥有的权力应当与其所承担的责任相适应。一方面，参与主体拥有的权力与其承担的责任应该对等。所谓"对等"就是相互一致，不能拥有权力但却不履行其职责,也不能只要求管理者承担责任而不予以授权。另一方面,向管理者授权是为其履行职责提供必要的条件。首先,合理授权是贯彻权责对等原则的一个重要方面,必须根据管理者所承担的责任大小来授予其相应权力。管理者完成任务的好坏,不仅取决于主观努力和其具有的素质,而且与上级的合理授权有密切的关系。其次,正确地选人、用人是协同治理的关键。上级应委派恰当的人去担任某个职务和承担某项工作。应根据管理者的素质和过去的表现,尤其是责任感的强弱,授予他适合的某一管理职位和权力。最后,整个防范化解风险的过程必须严格监督、检查。上级对管理者运用权力和履行职责的情况必须有严格的监督、检查,以便掌握管理者在任职期间的真实情况。管理者渎职,上级应当承担两方面的责任:一是选人用人不当;二是监督检查不力,监督、检查应该主要由授权者履行。

七、公平正义

党的十八大以来,习近平总书记高度重视公平正义问题,强调公平正义是全面深化改革的出发点和落脚点,是政法工作的生命线。公平正义是社会主义制度的本质要求,也是解决社会主要矛盾的题中应有之义。解决社会主要矛盾的过程,就是促进社会公平正义的过程。尽管当前中国经济社会发展进步明显,但发展不平衡不充分造成的公平、正义、安全、环境等方面的问题导致各领域都存在各种安全风险问题。因此,把握实现公平正义的关键,找准解决问题的着力点,是防范化解重大安全问题协同治理的有力保障。

公平是指按照一定的社会标准、正当的秩序合理地待人处事,是防范化解重大安全风险协同治理的重要道德品质。公平包含公民参与防范化解重大安全风险协同治理的机会公平、过程公平和结果分配公平。正义包括社会正义、政治正义和法律正义等。公平正义是每一个现代社会孜孜以求的理想和目标，因此，政府在尽可能解决各种重大安全风险、加大公共服务和社会保障力度的同时，要高度重视机会和过程的公平。保障防范化解重大安全风险协同治理的公平正义，需要各参与主体共同努力，提高文化、道德、法治等方面的素质，增强公平正义的意识，提高参与公平正义的能力。

八、法治保障

法治保障是国家治理体系和治理能力的重要依托。全面依法治国既是推进国家治理体系和治理能力现代化的必然要求，也为推进国家治理体系和治理能力现代化提供重要保障。防范化解重大安全风险的协同治理机制建设离不开法治运行这一保障机制。法治运行的保障机制是提高治理社会化、法治化、智能化、专业化水平的重要条件。防范化解重大安全风险的协同治理的法治运行保障要求参与主体能强化法治意识和法治思维，遵守法律规范，依照法律程序，在法律规定范围内行使权利、承担义务。防范化解重大安全风险的协同治理有了法治运行保障后，也就能让各个治理主体各负其责。具体而言，也就是党委做好总揽全局、协调各方的工作；政府做好制度设计、机制建设的工作，解决社会治理中的关键问题，发挥服务型政府的作用；社会组织、企业充分发挥自身的特殊优势，积极完成政府转移的公共事务；公众积极参与，进行自我管理与服务。

党的十八大以来，法治思维作为治国理政的重要方法论，已经成为领导干部在推进改革、促进发展、维护稳定过程中必须具备和运用的思维能力。党的二十大报告指出，全面依法治国是国家治理的一场深刻革命，关系党执政兴国，关系人民幸福安康，关系党和国家长治久安。必须更好发挥法治固根本、稳预期、利长远的保障作用，在法治轨道上全面建设社会主义现代化国家。良好的法治环境可以为防范化解重大安全风险提供有力的法治保障，为各参与主体提供公平、民主、有序的治理环境，保护人民群众的生命财产安全，提升政府社会治理的效率。

第二章

防范化解重大安全风险协同治理的系统构成

本章重点分析防范化解重大安全风险协同治理的系统构成。首先从协同治理机制的含义和基本形态对协同治理机制的内涵进行分析；其次分析防范化解重大安全风险协同治理的价值导向，包括安全意义上的价值导向与整体性治理上的价值导向；再次分析防范化解重大安全风险协同治理系统的构成要素，包括组织架构要素、流程运行要素、资源保障要素、激励问责要素、政策法规要素等；最后从横向维度和纵向维度对防范化解重大安全风险协同治理进行分析。

第一节 协同治理机制的内涵

要准确把握协同治理机制的内涵，必须了解协同治理概念的提出及其发展，了解学者的不同观点，以及对协同治理机制的共同认识。协同治理机制的基本形态，包括协同治理的动力机制与支撑机制、协同治理机制的三种类型。

一、协同治理机制的含义

在回答"什么是协同治理机制"之前,首先要厘清协同、协同治理以及机制等关键词。

协同是指为了实现共同的目标,两个或两个以上的主体各自发挥自己的优势,通过建立长期的合作伙伴关系,并综合运用各种工具和手段,放大合作整体功效的过程,协同强调主体之间的合作关系以及组织使命的一致性。[①] 协同与合作、协调、整合等概念具有密切相关性,也有学者对其不加区分地混合使用。协同学源于物理学领域,由哈肯提出,他从系统视角指出协同是各个子系统之间从无序到有序的作用过程。后来,美国管理学家安索夫在《公司战略》一书中首次将"协同"概念引入管理学中,认为协同是指公司通过各业务单元的相互协作,使得公司整体价值大于各独立组成部门价值的简单加总。同时,也有学者认为按照联合行动与组织使命的一致性程度,从低到高的顺序分别为合作、协调、协同。

协同治理这一概念,则是伴随着治理理论的兴起与发展而来,治理是协同治理的基本理论背景。21世纪以来,信息技术飞速发展,世界经济一体化程度不断提升,以金融危机为特征的宏观经济波动时有发生,公共管理的外部环境发生巨大变化,极大推动了公共管理改革。公共管理的基础理论与实践研究出现了新的变化,进入了后新公共管理时代。学术界基于对新公共管理的批评与反思,提出了治理理论,治理理论开始占据主导地位。对于治理的研究与定义,学界已有较为统一的认知。罗德强调治理定义中"没有政府的统治",是一种国家作用最小化、良治以及社会网络系统的治理;[②] 波利特认为治理强调公共管理需要除政府自身以外其他社会行动

[①] 赖先进:《论政府跨部门协同治理》,北京大学出版社2015年版,第26页。
[②] Rhodes R. A. The New Governance:Governing without Government. Political Studies,1996,44.

者的积极参与。① 基于治理理论，协同治理、合作治理得到学者们的关注，其聚焦于治理过程和治理主体的协同合作。整体性治理、网络治理、协同治理等概念与理论逐渐涌现，成为公共管理研究的前沿与热点。协同治理理论涵盖了三个领域的相关理论：一是以协同治理、合作治理、整体性治理为代表的治理理论；二是基于上述理论发展出来的协同政府、整体性政府等政府理论；三是更为关注管理手段与方式的跨部门跨域合作以及协同管理。夏书章指出，公共领域事务纷繁、关系复杂、问题迭出，需要政府与非政府组织进行合作治理；郑巧与肖文涛指出，协同治理是服务型政府的治理逻辑；敬乂嘉同样认为，合作治理是公共服务再造的新逻辑。杨永慧、熊代春从公共危机应对切入，认为政府、市场、非政府组织以及公民都不是万能的，任何单一主体在公共危机处理中都存在自身的局限性，需要各方协同发挥作用，从而更好地实现公共危机治理。如果说治理理论倾向于关注政府与非政府组织、企业以及公民等非政府之间的协同治理，那么基于治理理论的协同政府、整体性政府更为关注管理过程的一致性、协同性。汤姆认为，协同政府包含四个维度：跨组织的工作新方式、公共服务提供的新方式、新组织类型以及新责任与激励。解亚红认为，协同政府是新公共管理改革的新阶段，公共政策目标的实现既不能依靠相互隔离的政府部门也不能依靠设立新的"超级部门"，而是在不取消部门边界的前提下实行跨部门合作。周志忍、蒋敏娟则提出了协同政府包括横向协同、纵向协同、内外协同三种。还有学者提倡从政府间协作、政府内部协助与政府外部协作三个维度去理解协作性公共管理。西方学者研究的跨部门合作或者跨域合作，更多强调的是政府、企业、非营利组织、慈善组织或者公众参与的伙伴关系。国内学者认为我国公共事务协同治理体系的基本架构是国家治理协同、政府治理协同、政府与社会协同、政府与市场协同四个板块。

---

① Pollitt GB. Public Management Reform. New York: Oxford University Press, 2011.

总的来说，协同与治理息息相关。全球治理委员会认为协同治理覆盖个人和公共及私人机构管理他们共同事务的全部行动，是一个有连续性的过程。在这个过程中，各种矛盾的利益和由此产生的冲突得到调和并产生合作，同时这一过程既建立在现有的机构和具有法律约束力的体制之上，也离不开非正式的协商与和解。赖先进则将协同治理定义为针对特定复杂的公共事务问题，政府组织、社会组织（非营利组织）、企业及公众等多元主体各自发挥自身优势，通过建立正式的、跨部门的协同合作关系，实现复杂公共事务有效治理的一种制度安排。协同治理强调主体的多元性，相较于政府管理中政府的单一主体，协同包含了市场、公民、非营利组织等非政府机构。在公共事务治理中，协同治理涵盖了政府组织之间的协同、政府组织与非政府组织的协同以及公私协同。同时协同治理更加强调组织形态的网络化、扁平化，以高效弹性的组织形态来提升治理效率。协同治理有着多层含义。首先，协同治理强调主体的多元性，有学者简单将协同治理主体划分为政府与非政府组织，后者包括企业、非营利组织、公民，因此协同治理可以进一步划分为政府与政府的协同治理、政府与企业的协同治理、政府与第三部门的协同治理、政府与公民的协同治理、第三部门与企业的协同治理以及第三部门与公民的协同治理。在协同治理中，各主体在合作与协同中进行责任分担，为共同目标而分享信息、资源，为之积极行动，最终实现利益共享。其次，协同治理有着治理的特征，其强调多主体之间的合作与协商，协同治理中可以有居于主导地位的核心，这在大多数情况下，特别是公共事务治理中，政府依旧居于协同治理的主导地位，但政府不再仅仅依靠自上而下的权力强制，而更多强调政府与企业、社会组织等其他主体通过协商对话、相互合作来共同治理社会公共事务。协同还意味着行动者众多、行动者地位相同、行动者坚持互动、行动者资源共享以及各个行动者利益共享、责任共担。最后，协同治理是多元主体协同共治的制度安排。协同治理本质上属于集体行动，集体行动的实现依赖于行动规则的制定以及多主体对于行动规则的遵从，这意味着协同治理中需要构建能够得到众多治理主体共同认可的行动规则,并将一系列的行动规则构筑上升为制度安排,以此保证协作稳定,达到治理效果。

"机制"一词最早源于希腊文,原指机器的构造和工作原理。从中不难看出,机制隐含着两层需要界定与回答的问题,一是机器是由哪些部分组成的,二是机器是怎样工作的。"机制"一词在物理学、生物学领域得到运用后,逐渐被引入社会学领域并得到广泛使用。在社会学语境中,机制是指在正视事物各个部分存在的前提下,协调各个部分之间关系以更好地发挥作用的具体运行方式,是通过制度系统内部组成要素按照一定方式的相互作用实现其特定的功能。由此可见,社会学领域中的机制强调构成要素、要素之间的相互关系以及运行方式。要素存在是机制存在的前提,要素之间并非单一存在,而是存在相互关系,共同构成一个整体,发挥系统功能,如何协调要素之间的关系就是通过具体的运行方式,把各要素联系起来,协同运行发挥作用。

综上所述,机制与协同治理已密切相关,二者均强调要素之间的相关联系,强调通过一定的方式使得各个构成要素之间从无序变有序,使其协同发挥效用,从而达到 $1+1>2$ 的功效。协同治理机制可以被看作公共治理中,使得政府组织、社会组织、企业、公众等多个子系统组合成为一个整体系统,并使得各子系统以及系统整体由无规则、无序转化为有一定规则、有序的组织状态,最终使系统得以优化,提高协同治理的效率的运行方式及制度安排。

二、协同治理的动力机制与支撑机制

前文对于协同治理的定义与内涵已经进行了界定,协同治理与治理同样强调多元主体的共同协作。那么,为什么需要协同治理?协同治理背后的机制有哪些?这涉及协同治理的动力机制与支撑机制。

(一) 协同治理的动力机制

为什么需要协同治理，回答的是协同治理的动力机制这一问题。实施协同治理背后，首先有着公共管理中任何单一主体管理过程中存在的普遍性问题，即政府失灵、市场失灵与志愿失灵。政府失灵是指政府为弥补市场失灵而对经济、社会进行干预的过程，但由于政府行为自身的局限性和其他客观因素的制约，而出现了新的缺陷，无法实现社会资源配置效率最佳。政府失灵的主要表现为政府决策失效，即没有达到预期社会目标，或即使达到，但成本大于收益，或达成目标，但却带来严重的负面效应；政府机构和公共预算的扩张，导致社会福利的减少和对社会公共价值的忽视；由于缺乏竞争，缺乏追求利润的动机而导致的公共物品供给的低效，以及出现寻租现象。政府失灵背后，究其原因是由于政府部门之间缺乏竞争性、政府干预缺乏完全准确的信息、政府干预行为的时滞性以及对政府行为缺乏有效的规制约束和监督。市场失灵则是由于市场机制不能充分发挥作用而导致的资源配置缺乏效率或配置不当。市场失灵会带来收入与财富的分配不公、外部负效应、市场垄断、公共产品供给不足等问题。造成市场失灵的原因有外部性、公共产品非排他性非竞争性带来的"搭便车"现象、不完全信息导致的不完全市场竞争等。志愿失灵则是指个人或集体自愿的非政府组织在志愿活动过程中出现问题而无法正常进行的现象，其具体包括受助群体得不到有效的帮助以及某些群体得到过剩的帮助，使得受助群体收益小于社会付出的成本。志愿失灵的原因主要包括慈善不足、资源有限、非政府组织的家长作风决定资源使用分配方式、非政府组织的业余性导致影响服务产品质量以及服务对象的有限性，其一般只针对特定群体提供特定服务。可以说政府、市场以及志愿者单一主体提供公共服务都具有局限性，会带来政府失灵、市场失灵以及志愿失灵，任何单一主体都无法达到公共治理的最佳状态，因此只有多元主体协同互补，才能实现更好的公共治理。

刘光容认为，民主政治是协同治理的政治保障。① 首先，民主政治对传统公共行政管理体制下的单向民主提出挑战。传统公共行政中，政府治理通过制定实施政策，自上至下地对公共事务进行单向管理，民众多处于管理末端，接受政策以及政府提供的服务，但却无法充分表达自己的意愿。其次，民众对政务公开需求不断上升，随着网络问政等途径的完善，单向民主已不能满足民众需求，双向民主的提出与完善，是协同治理的一大推动力。此外，市场化以及第三部门的兴起，能够弥补政府失灵，解决政府提供公共服务效率低下、质量不高的问题，不断完善公共服务公开化、社会化提供。社会生活中，公众的民主诉求日益增多，参与社会治理的意愿不断增强，呼吁重新调整政府、市场、社会之间关系的呼声日益增多，传统管制型政府受到挑战，一种新型的、更高效的、整合型的治理范式受到追捧。民主政治极大推动了协同治理的出现。

现代社会中，公共事务及公共治理复杂多变，社会组织力量的壮大，为实现协同治理提升公共治理效率提供了一种解决途径。特别是复杂公共事务问题已经跨越单一部门边界和政府管理范畴，呈现出复杂性、跨域性特征，使得传统的政府单一管理面临巨大的压力与挑战。赖先进强调，要超越公共管理、超越线性思维，建立立体思维，防止市场失灵、政府失灵以及志愿失灵情况的发生。如今，如何使得"有限政府"提升效能，变身为"有效政府"是政府改革的奋斗方向。调动起社会资源与力量协同治理是建设"有效政府"的重要方式。

此外，公共事务治理中越发严重的碎片化问题对协同治理提出了新的要求。传统组织模式下，政府高度专业化，而使得管理分散化、碎片化，特别是现实中政府部门本位主义突出，甚至导致公共利益部门化，各部门各自为政，政府机构之间存在部门冲突、政策冲突，大大降低了公共治理效能。因此需要通过建立横向与纵向的立体协同治理机制，来解决政府部

---

① 刘光容：《政府协同治理：机制、实施与效率分析》，华中师范大学 2008 年硕士学位论文。

门间的冲突，推动公共事务治理。除政府部门存在碎片化问题外，其他各主体之间同样存在着碎片化问题，特别是受传统公共行政管理思维影响，非营利组织、公民、国际组织等其他多元主体易被排斥在公共事务治理之外，或仅仅是弱参与，导致公共事务治理主体碎片化。此外，治理空间碎片化也是推动协同治理的一大原因。特别是受到行政区划的影响，在面临跨域治理问题时，以水污染治理为例，因河流通常流经多个省市，上下游城市与省份在河流治理中存在着显著的治理空间割裂，需要治理的公共事务跨越行政边界，对协同治理提出了新的要求。

（二）协同治理的支撑机制

协同治理机制是在公共治理中，使得政府组织、社会组织、企业、公众等多个子系统组合成为一个整体系统，并使得各子系统以及系统整体由无规则、无序转化为有一定规则、有序的组织状态，最终使系统得以优化，提高协同治理的效率的运行方式和制度安排。反过来，制度安排也为协同治理提供了基本保障。《新制度经济学》中将"制度"看作是一种稀缺性资源，是生产率的决定性因素。协同治理需要依赖制度协同来保障系统运行，实现公共事务的协作共治。

制度是协同治理有序实施与运行的保障要素。刘光容认为，制度协同是一种状态，是行为主体对既定制度安排和制度结构达到满足或满意状态。[①] 当系统内各子系统——各行为主体对制度的需求得到充分、合理的满足，就能达到制度协同状态，反之，则意味着出现制度不协同。制度协同治理包含两个维度的协同，具体分为正式制度与非正式制度的协同治理，正式制度与非正式制度形式互相补充，共同保证了协同治理模式的有效性。

正式制度产生于政权、权力的法制认定，是人们有意识建立起来并用正式方式加以确定的各种制度安排，代表着某种行为的存在与发展的合法

---

① 刘光容：《政府协同治理：机制、实施与效率分析》，华中师范大学 2008 年硕士学位论文。

性，其有着成文的规定，并由权力机关来保证实施，如法律法规、政策规章等。非正式制度产生于市民社会的生活需求、权利需要，是由变化着的社会关系所强化，代表着某种行为的存在与发展的合理性，其一般是指一些社会约定俗成的风俗习惯、道德观念和伦理规范。正式制度与非正式制度对立统一，相互依存。正式制度与非正式制度具有对立性，甚至存在着不兼容乃至冲突性，正式制度具有强制性，一旦确定就会形成制度刚性，非正式制度则具有非强制性、自发性和宽容性。相互统一首先是合法性与合理性辩证统一，合法性需要合理性的人文支撑，非正式制度是正式制度产生与实现的基础，没有非正式制度的实践认可，正式制度形同虚设。合理性同样需要合法性的正式确认，正式制度是非正式制度的认证机制，非正式制度需要得到正式制度的许可才具有合法性。正式制度与非正式制度二者具有互补性，正式制度需要非正式制度的补充来保证社会制度系统的有效与和谐。此外，正式制度与非正式制度具有替代性，在正式制度缺位时，非正式制度也能在一定程度上替代正式制度提供一系列的制度安排，以保证社会治理的运行。正式制度与非正式制度还具有相互转化性，非正式制度的合理性可经过正式制度合法化的确认，从而实现非正式制度的正式制度化；同样，正式制度也可能会随着历史变迁，被更为有效的制度所替代，但其在社会中的影响力，可能使得其成为非正式制度约定俗成的存在。正是由于正式制度与非正式制度的互补性，决定了二者共同构成协同治理机制的统一体。如同协同治理是各个子系统共筑一个整体系统以达到 $1+1>2$ 的治理效果，政治制度与非正式制度也一样，若仅仅是单边治理，单纯依靠正式制度或单纯依靠非正式制度，均无法实现有效的协同治理。

上文提及了协同治理的动力机制，其中治理主体碎片化、部门碎片化、治理空间碎片化亟须协同共治，而制度就是协同共治的重要保障体系。但制度机制并非一成不变，随着自然环境、技术水平、人口结构、产权关系、道德意识等要素的变化，交易复杂性不断增加，交易成本不断提高，制度协同为节约社会交易成本提供了解决之道。制度是维持平衡与稳定的关键，一旦平衡打破，即上述环境、技术、人口、产权等因素发生重大变化时，制度均衡被打破，人们会提出新的制度需求，通过制度的调整与塑造，使得制度结构再次达到某种平衡，最大限度节约交易成本，获得收益，新的制度协同形成。

三、协同治理机制的类型

杨慧谦将协同治理机制划分为三种类型，分别为政府主导机制、责任分担和利益平衡机制以及信息共享机制。①

政府主导机制认为相对于其他主体来说，政府拥有行政权力，具有统筹全局的能力和作用，因此建立政府主导的机制，为其他主体以及协同共治提供了良好的制度政策，由政府主导进行资源分配，提高公共事务治理效率。但政府主导机制并非意味着政府的绝对引领与全权决定。在政府主导型的协同治理机制中，依旧要保证多元主体的平等地位，政府主要扮演提供良好的政策与制度的角色，作为监督者，确保各参与主体地位平等，能够顺畅地表达利益诉求、平等地交换意见，通过交流协商建立良好协作关系。政府主导下的协同治理机制，要求政府转变政府职能、转变治理理念，要作为掌舵者而非划桨者。

责任分担和利益平衡机制则是在强调主体地位平等的同时，也应保证各主体权责一致。其倡导在协同治理中，各主体具有明确的职责范围，各司其职，即政府做好基础制度保障与政策供给，企业能够积极提供相应资源，承担政府外包项目，发挥市场作用，非政府组织能够发挥志愿效应，公民积极参与监管，共同形成良好互动。前文中提到的制度保障是实现责任分担和利益平衡的重要基础。受到传统社会治理模式和理念的影响，各

---

① 杨慧谦：《城市突发公共安全事件协同治理模式研究》，燕山大学2019年学位论文。

主体协同意愿不强、协同能力不足是制约协同治理的主要因素,而制度是解决此类问题的根本途径。一方面,要通过建立相应制度,提供激发各参与主体协作合作的动力,如通过财税政策激励合作行为,提升协作意愿,通过绩效考核来提升各主体竞争意识,提升协作效率。另一方面,要通过建立相应制度,保证利益平衡、避免冲突,这主要是考虑到各参与主体利益目标政策诉求不同,而社会资源具有有限性,极易引发各主体之间的矛盾与冲突。因此,需要建立利益平衡机制。一方面,要通过强制性手段进行法律规范和监督,以防止利益相关者追求自身利益而损害他人利益;另一方面,要通过赋予各主体相互监督的权利,相互之间形成合作与制约关系。

信息共享机制主要是为了解决信息碎片化问题。信息畅通与共享对于协同治理具有重要意义。但现实治理过程中存在着大量的信息封闭与分割问题,政府、政府部门、企业以及社会组织都可能由于保护主义而倾向于保护自己的信息,对信息进行封闭,将自己掌握的信息"私有化",信息共享程度较低。不同地区、行政部门之间缺乏信息共享机制,信息发布碎片化、信息传递碎片化以及信息共享渠道不通畅,都极大增加了协同治理的交易成本。因此协同治理中,需要以技术为支撑,建立信息联动平台,及时准确发布安全事件的动态信息,增强信息透明度,实现信息公开与互动流通,以此降低各行为主体间的信息交流成本,为实现协同治理提供有力保障。

第二节 防范化解重大安全风险协同治理价值导向

现代社会是一个有着高度不确定性的风险社会。此外,现代社会的脆弱性与日俱增,特别是在城市中,因其内部结构复杂,各子系统彼此依赖、紧密关联,自然灾害、工业事故、食品安全、传染性疾病等任何一种公共危机的发生，都可能引发连锁反应，触发多米诺骨牌效应，传播至整个系统，引发系统性风险。从工业社会向后工业社会即风险社会迈进的过程中，重大安全风险越来越呈现出扩散性、难以预测性和交互性的特点。[①] 重大安全风险来源的复杂性、连锁性、影响因素多样性、影响范围广泛性对开展防范风险等应急响应活动提出了新的要求。特别是随着各种各样跨界风险引发的突发事件增加，常规风险管理发挥的作用逐渐受到限制，协同治理理论在跨域风险以及跨域危机管理中不断得到应用与检验，协同治理机制的作用也在防范化解重大安全风险中变得更加突出。防范化解重大安全风险对于协同治理的需求与呼吁，或者说协同治理对于防范化解重大安全风险提供的价值导向体现在以下几个方面。

一、安全意义上的价值导向

现代社会中存在的复杂性公共危机需要协同治理，协同治理为公共危机治理提供了安全价值导向。在现代社会中，公共危机治理越发复杂。首先，公共危机具有突发性和偶然性，即事件发生的准确性、发生的规模大小、发生时间、发生地点等问题往往难以预测，公共危机的过程及未来走向难以控制，难以利用常规的防范手段进行防范化解，突发公共安全事件一旦爆发，往往波及范围广泛，影响深远。其次，公共危机具有公共性。一是危机事件以及重大安全事件所涉及的主体具有公共性；二是所产生的危害涉及诸如公共安全、公共财产等公共利益；三是重大安全风险的社会关注度高，具有公开性；四是重大安全风险的处理需要公共部门和公众通过配置公共资源来减少社会损失。最后，公共危机治理的复杂性体现在扩散性强上，特别是随着交通和信息技术的飞速发展，城市、区域和全球一

---

① 王宏伟、孙元新：《创新重大安全风险防范化解机制——基于对江苏省响水化工厂爆炸事故的反思》，《社会治理》2019年第5期。

体化程度不断提高，区域之间的依赖性增强，突发危机事件导致的破坏以及造成的影响已经不再局限于事发地，而是在整个系统内引发跨地区、跨领域的传播和扩散，甚至产生连锁反应，加剧次生灾害，造成更为广泛的影响。现代社会中风险聚集、矛盾频发，隐蔽性较强，再加之受到管理人员分散、精力与经验有限的影响，结果与损失更加难以估量。社会公众对满足基本安全需求及公共危机治理提出了要求。

现代社会中各个环节以及各个要素之间的关联性不断增强，危机与风险的跨域性特征日益凸显，学术界称之为"跨域危机"。公共危机的"跨域"主要体现在跨越行政边界、跨越功能边界、跨越时间边界三个层面。首先，跨越行政边界，越来越多的危机事件以及安全风险事件具有跨越行政边界的特征。我们通常认为跨越行政边界是两个维度上的跨域。一是横向维度上的跨域，危机事件可能跨越多个行政区域，对多个地区、城市、省份乃至国家产生威胁，如大气污染、金融危机、传染性疾病等，需要不同区域政府开展横向合作；同时，跨越同一个政府机构内的不同职能部门，也被认为是横向维度上的跨域。二是纵向维度的跨越行政边界，通常认为是不同层级部门之间的跨域，即一项危机事件中，较低层级政府向高一级政府寻求支援。其次，跨越功能边界，主要是指危机事件或突发事件跨越了功能边界，涉及多个功能领域。例如，金融危机从金融领域蔓延到实体经济领域，石油管道漏油事件的影响从私人部门扩展到公共领域。不同领域管理运行方法手段以及模式具有差异性，进一步增加了危机事件应对难度。最后，跨越时间边界，强调危机事件持续、影响的时间长度，以及影响反馈的滞后性。如金融危机、气候问题、传染性疾病等事件往往在相当长的一段时期都对社会生活产生影响，因此需要相关主体在相当长的一段时期内对危机进行持续关注与应对。

通过以上分析可见，风险、危机事件的发生与演化具有高度不确定性，对危机治理活动提出了严峻挑战。如何应对危机治理，特别是跨域的危机以及重大安全风险事件,协同治理理论为实现公共安全协同治理提供了一个解决途径。正如前文所言,安全协同治理是一项系统工程,其治理目标的实现,需要得到政府、非政府组织、企业和公民的通力协作,通过协同治理的方式来满足社会公众的多元化公共安全服务需要,提升安全治理的有效性。政府在应对跨域危机以及重大安全风险事件中,承担制定和完善相关政策的职责,主导公共安全服务的供给,市场是供给公共安全服务的主体,同时非政府组织、公民可以对公共安全提供补充服务,多元主体共同参与跨域危机治理,通过协商对话、合作治理,将各自的优势发挥至最大化,达到功能互补、协同应对城市突发公共安全事件的目的,进而提升跨域危机治理的有效性。

二、整体性治理上的价值导向

除却为了满足公众的基本安全保障需求,重大突发安全事件治理中的碎片化现象已经成为协同治理的主要障碍。防范化解重大安全风险问题,必然要先行梳理协同治理中面临的碎片化问题。可以说,治理理念碎片化、管理职能碎片化、政策碎片化、资源碎片化需要以整体性治理这一价值导向进行协同治理。

碎片化这一概念在政治学领域中,与传统官僚制的等级制、部门分工紧密相连。传统官僚制过分强调专业化与分权治理,各部门之间条块分割,行政机关之间碎片化现象严重。政府职权划分和管理权限方面存在碎片化问题,具体而言存在着政府部门内部各类业务之间的分割、政府部门间的分割以及一级地方政府间分割三种碎片化形式。① 韦彬将碎片化定义为"在信息技术飞速发展过程中,由于过分强调专业分工、分权和专业化,组织

---

① 谭海波、蔡立辉:《论"碎片化"政府管理模式及其改革路径——"整体型政府"的分析视角》,《社会科学》2010年第8期。

中部门、权力、功能、资源、信息等内容被多个主体所分割,彼此间存在相互冲突和矛盾,表现出不规则的、大批的及畸形的发展趋向,组织间整体性沟通匮乏,整体性协调机制缺失,整体性整合机制不足,整体性信任机制匮乏,各自为政而导致组织中的部门碎片化、权力碎片化、功能碎片化、资源碎片化、责任碎片化、信息碎片化等现象"。结合公共危机以及跨域危机来看,跨域公共危机治理中的碎片化则主要是指危机治理多元主体之间因为权力上的分化和冲突、职责上的重叠与交叉、信息资源上的分割与"私有化"所导致的低效治理现象。

(一)治理理念碎片化

公共危机治理中首先面临着治理理念碎片化问题。无论是需要多主体参与的一般性危机治理,还是跨域公共危机治理,其均会涉及多地区、多主体、多部门的协同合作。特别是重大安全风险事件,其发展复杂多变,涉及范围较广,影响广泛深远,需要各个参与主体秉承一致的公共危机治理理念才能保证治理行动开展得顺利协调,提升治理效率。

但是目前现实实践中,仅以地方政府这一治理主体为例,在跨域公共危机发生时,各地方政府协同治理理念不强。地方政府作为理性人,将自己作为一个独立的系统进行考量,在跨域公共危机的防范中,地方政府基于地方利益和地方财力的考虑,往往倾向以下选择:一方面,会选择在自我管辖范围做一些基础性的防范工作,选择成本较少、见效较快、政绩较为凸显的领域进行防范。另一方面,缺少全方位的防范意识,在面对跨区域、跨行业、跨部门的跨域公共危机时,地方政府易倾向于选择回避和推卸责任。地方政府在跨域公共危机治理时抱有"搭便车"的心态,不愿主动采取必要的行动和有效的治理方式对跨域公共危机进行及时治理,甚至有时面对将带来严重后果的跨域公共危机抱有侥幸心理和机会主义意识。受到地方保护主义思想影响,各政府之间依旧习惯于"单打独干",做"一方之主",按照行政区划分割的封闭式的管理思维,在跨域公共危机治理中从本地区的局部利益出发，从本部门的职能和利益判断跨域公共危机，仅仅采取针对性治理举措。对于跨域公共危机的相关信息不愿意与其他地方政府共享，形成信息孤岛，缺少与其他地方政府的良好互动与信息流通。在必须进行协同治理时，各地方政府倾向于对跨域公共危机进行选择性的治理，讨价还价，规避责任，仅仅治理本地区中的公共危机，呈现"弱参与"的状态特征。总的来说，地方政府在跨域公共危机治理中秉持自我化、封闭化、局部化和机会主义等治理理念。跨域公共危机治理的责任理念碎片化会使得跨域公共危机治理中的府际协作、部门协作难以有序开展，严重制约跨域公共危机的良好共治。

（二）管理职能碎片化

管理理念的碎片化与管理职能碎片化相伴相生。正如前文所言，各地方政府作为理性人和经济人，其作为一个利益实体对自我经济利益有着强烈追求，而跨域危机治理中，必然需要消耗地方的人力物力财力，因此在跨域公共危机治理中，如若缺少来自上级的强制要求，缺乏管辖地域内民众的强烈要求，地方政府受到资源有限性以及自我利益最大化追求的支配，会彰显出自利性特征，表现出强烈的自利性动机，导致跨域公共危机治理分割，甚至损害跨域公共危机治理的公共性。特别是中国当今制度运行中压力型体制依旧在发挥作用，地方经济发展状况、增长速度和社会稳定直接关系地方政绩，这必将导致地方政府集中关注约束型指标，进一步强化其对自身利益的考量和关注。这种具有较强自利性倾向的治理意识，会直接影响地方政府在跨域公共危机治理中的行为选择，使得地方政府在跨域治理中偏离跨域公共危机治理的"公共性"本质。

在跨域公共危机治理中，危机的负外部性以及治理效益的外溢性意味着跨域公共危机治理问题的解决面临着高成本、低回报、短期效益不明显、对经济发展贡献有限等问题，再加之各地方政府直接的资源禀赋存在差异性、发展态势非均衡化、地方政府的"本位主义"占据上风，地方利益最大化逐渐演变成了许多地方政府的最高追求目标,想方设法采取各种手段规避跨域公共危机治理责任,从而导致和加剧了跨域公共危机治理功能边界的职责不清、跨域公共危机治理功能无法得到发挥,以及跨域公共危机治理规模不经济等问题,进而导致跨域公共危机协同治理无法得以发挥,跨域公共危机治理"共赢"的目标难以实现。

与此同时,地方政府跨域公共危机治理功能变革过程中"自上而下"导向较为明显,这种导向不管是在计划经济体制下抑或是在市场经济体制下,上级地方政府通过这一自上而下的行政改革模式及对下级地方政府政绩评估的主导作用在相当程度上影响或决定着地方政府跨域公共危机治理功能的变革及定位。"自上而下"驱动的治理变革在保证下级政府与上级政府保持高度一致这一目标上具有绝对性优势,但这种跨域公共危机治理功能的"自下而上"推动也存在明显缺陷,即缺乏可持续性,容易导致"运动式治理",导致地方政府跨域公共危机治理功能产生根本性的异化。除却运动式治理,自上至下驱动的治理改革,会使得地方政府选择性配合,将更多注意力放在跨域公共危机治理结构变革的层面上,即关注治理改革中的程序变革,而对跨域公共危机治理究竟能产生多大效能并不关心。个别地方政府在跨域公共危机治理功能的优化过程中寻找"捷径",做表面文章,走程式化道路,过度追求跨域公共危机治理"程序合规",以此规避跨域公共危机治理中的地方责任。韦彬指出,程式化的跨域公共危机治理行为主要表现为跨域公共危机预警信息发布的程式化、跨域公共危机信息上报的程式化、跨域公共危机多部门参与的程式化、跨域公共危机应急预案演练的程式化以及跨域公共危机防灾减灾救灾教育的程式化。

(三)政策碎片化

政策碎片化具体可以分为政策制定环节的碎片化与政策执行环节的碎片化。

首先在政策制定环节上,由于跨域公共危机治理涉及不同行政区域、不同行政部门，在政策制定过程中易出现"政出多门""多龙治水"的现象。正如前文所言，随着现代社会经济的迅速发展，政府部门间治理权力的交叉地带日益增多，不同部门对同一问题均为合法化治理主体，会以部门身份出台相关政策，出现"政出多门""政策打架"等政策冲突现象。不同的政府部门由于其治理目标、治理理念与方式不尽相同，加之受部门利益驱使，极易产生政策冲突，甚至造成该合作治理的领域没有形成协同共治，不该合作的地方却争先抢占，催生了很多"部门化立法"的竞争性非合作的行为。

政策制定碎片化必然会带来政策执行碎片化，正如前文分析，政策制定中各管理部门往往出于本部门利益出台相应政策，这难免导致在政策执行过程中各管理部门出现扯皮掣肘、争夺利益、推诿责任的情况，难以形成良性协同合作。此外，在跨域公共危机治理中，受到自上至下压力时，地方政府之间还可能采取上文提及的程式化合作，"面和心不和"，合作效果不佳。行政命令下的合作可能会使得多方象征性合作流于形式，非正式合作缺乏稳固的基础，政策执行过程及政策执行效果不可控。即使多元主体具有一定协作治理倾向，也可能会无法达到协同共治。韦彬指出，多个参与主体在跨域公共危机治理中，对于政策执行并不是无序的混乱，各参与主体政策选择及行为判断都不同程度受到政治结构因素的影响。政府纵向层级间关系以及横向部门间关系构成了多个独立的行动空间，各参与主体的相对独立性，特别是不同层级政府与不同职能部门之间在权力分割中形成独立的系统，受到管理文化和组织边界的影响，在重大安全风险治理以及跨域危机治理时，各行为主体趋向于不干涉其他部门，秉持谨慎态度，从而导致资金、人力等资源无法形成最优整合，出现政策执行"碎片化"的现象。此外，政策执行成效还依赖于政策执行者是否对政策具有认同感，若执行者对上级制定实施的政策缺乏认同，执行中会存在选择性执行、象征性执行等行为，极大削弱了政策成效。政策执行中还存在着诸如"专项整治"一类的运动式治理，通常这一类政策执行受到自上而下的、辅以目标考核、责任状等强化政策执行者的约束力。这一类的政策执行的确在短期内能够迅速解决危机,具有显著治理成效,但从长期来看,其缺乏稳定性,同时,自上而下的管控与压力,违背了协同治理的多元主体平等协商的原则。

(四) 资源碎片化

资源由个人、组织所拥有,在跨域公共危机治理中,各参与主体可以被当作为一个实体组织,其所拥有的资源是这一组织中的资源,即组织资源。资源碎片化主要受到经济人和理性人假设的影响,在跨域公共危机治理中,各治理主体因本位主义、部门利益最大化等思想,坚持资源私有化,各个组织资源具有较强的分散性和分离化,无法实现资源整合,以此共同应对跨域公共危机治理。可以说,实施跨域公共危机治理所需的其他物质资源同样分散于诸如各地方政府和各部门等不同跨域公共危机治理主体中,这些不同的跨域公共危机治理主体又隶属不同管理系统,其跨域公共危机治理资源存在部门化、私有化问题,造成"资源孤岛"。各地方政府间、跨域公共危机治理系统间、跨域公共危机治理部门间缺乏有力的资源协调机制,无法有效整合各个组织的资源以发挥出高于各单一跨域公共危机治理的组织资源之和的整体性力量,从而使得跨域公共危机治理过程中呈现资源碎片化特征。

有学者把资源碎片化中的资源细分为人力资源、技术资源、信息资源。就人才资源而言,在跨域治理中,公共危机治理人才储备不足、人才分布不均衡、高中低层次危机治理人才比例不平衡、跨部门跨地区跨行业的人才整合性不高是跨域公共危机治理中人才碎片化的主要表征。

技术层面的资源结构碎片化则主要是指硬件设施建设的技术碎片化。具体而言,跨域公共危机治理中的技术资源被分布于各个区域内各个单一的治理组织中,受到财政资源、信息化水平、领导重视程度等因素影响,各区域危机监控预警研判的信息系统支撑技术存在差异,并呈现碎片化状态，跨域公共危机应急系统、跨域公共危机支持系统和跨域公共危机保障系统及其子系统的建设水平参差不齐。同时，受到资源部门化、私有化思想的影响，各治理主体之间的技术资源整合存在困难。韦彬指出，跨域公共危机应急系统、跨域公共危机支持系统和跨域公共危机保障系统的技术存在"技术孤岛"现象，即某一技术在跨域公共危机治理中带有部门专属性质，而无法在跨域系统内得到普遍使用，共享性差，使得跨域公共危机治理的技术资源呈现出碎片化的态势。

信息共享与畅通的渠道对于重大安全风险防控具有重要意义，但在重大安全风险防控中信息碎片化现象严重，亟须通过协同治理进行信息共享与整合。信息碎片化或"信息孤岛"现象，其背后存在三个维度的碎片化，一是信息资源本身的碎片化，二是信息传递碎片化，三是信息发布碎片化。

在跨域公共危机治理中，各职能部门出于自身利益的考虑而对信息进行封闭和分割，各职能部门拥有自己的信息平台，但平台之间的碎片化促使产生"信息孤岛"。不同行政区和部门之间缺乏信息共享的机制，信息交流渠道不通畅，甚至出现某一地方政府出于保护主义等原因对其他政府机构采取隐瞒的情况，极大增加了协同治理沟通成本，造成跨域公共危机治理效率低下。以水资源为例，在生态环境部未成立之前，水资源的相关信息具有明显的分散化，各个部门之间水资源信息分割明显，如水利部门掌握地表水量的信息和农业用水的信息，国土部门掌握地下水量的信息，环保部门掌握水质的信息和工业污水排放方面的信息，建设部门则掌握城市用水的信息，无法有效整合水资源信息，再加之各部门之间指标测算标准、统计口径的不一致，更使得信息整合困难重重。同时不同部门重复采集信息也造成了经费和时间的浪费。总的来说，跨域公共危机治理中，地方政府与部门之间局限于各自资源和权力的运作，聚焦部门利益，各个部门都将自己掌握的信息"私有化"，导致各种信息资源极度碎片化，无法有机整合成为一个整体。

除却各主体信息资源存储的私有化、部门化，信息传递渠道的不畅通也是构成"信息孤岛"的重要原因。信息传递渠道的畅通程度以及信息能否及时传递决定了能否及时对跨域公共危机进行预判、决策、防控与处置。信息传递取决于掌握信息主体传递信息的意愿以及信息传递渠道。有些地方政府受地方保护主义思想的影响,只考虑本地区和部门的实际利益不愿将真实跨域公共危机信息对外公布,或者对信息进行筛选后公布,存在信息掩盖、延误问题,严重影响了真实跨域公共危机信息的传递。政府条块分割的管理制度也直接影响跨域公共危机的决策质量和效率。当跨域公共危机事件发生时,一些信息被某些部门集中掌握,但是在这些部门之间又没有相应的协调机制,跨域公共危机信息分享性不足,相关部门也掌握不了一些有价值的跨域公共危机数据,行政效率大打折扣。

信息传递渠道中,往往存在两方面的问题:一方面,横向信息共享、协调机制缺失;另一方面,纵向信息传递存在信息失真以及信息延误的问题。特别是政府机构内部垂直且单一的公共危机信息传递渠道也不利于信息畅通传递。在政府机构内部,上级对于基层危机安全风险事件信息的获知主要来源于地方政府的主动报告,但在实际发生公共危机的时候,各个地方政府会权衡利弊,选择性上报信息,甚至出现延误、隐瞒、谎报公共危机信息的情况。再加之政治体系中的层级制,危机信息的处理过程中需要实行逐级审批,往往容易出现以下问题:一方面可能会在层层传递过程中出现信息失真的情况,跨域公共危机信息真实性难以保证;另一方面层层审批也无形中延误了公共危机信息传递,影响相关的管理部门对跨域公共危机信息掌握的灵敏度与及时性,无法及时、全面、有效地了解危机事件的真实信息,影响危机治理决策。

信息碎片化中还包含着信息发布的碎片化问题。跨域公共危机事件信息发布碎片化主要有以下几点原因。一是信息分散导致的信息发布重叠、矛盾乃至缺失。有关跨域公共危机治理的信息多分散于诸如各地方政府和各部门等不同跨域公共危机治理主体,在跨域公共危机治理技术规范、跨域公共危机治理信息管理、跨域公共危机治理系统兼容性等未完全统一的情况下，这些跨域公共危机治理信息片段存在重叠现象、矛盾现象、缺失现象。二是信息发布过程中存在信息筛选的现象。信息筛选和过滤由各级政府掌握，各部门在跨域公共危机信息公开的认识，以及公开范围、形式等问题上看法各异，这就造成不同部门在公布同一跨域公共危机事件的时候信息不统一，在筛选和过滤的过程中不同层级政府信息流动存在着差异性。三是不同政府职能部门对危机事件的整体把握的专业关注点和利益取向存在着差异性。不同政府职能部门根据其职能权限，更擅长捕获职能范围内的信息，而对整体性跨域公共危机事件的信息加工缺乏整合，跨域公共危机信息系统性程度不高。四是危机事件的信息发布缺乏一个常设的管理机关。跨域公共危机事件信息发布时存在着多元主体问题，信息来源以及信息发布主体较多，缺乏统一的常设信息管理机构，跨域公共危机信息发布缺乏统一的管理主体导致在危机事件中部门之间职责不清、关系不畅，职权交叉与推诿扯皮时有发生。各部门和临时信息发布机构或是不发布跨域公共危机信息，或是发布的跨域公共危机信息不统一。跨域公共危机信息的公布缺乏规范性，信息发布呈现碎片化，导致公共危机信息公布的权威性受到质疑。五是公众对危机事件的治理监督主动性、信息发布整体性产生影响，信息透明度高低影响着公共危机治理效果。同时，跨域公共危机发生时，跨域公共危机信息公开步调不一和各自为政的现象，导致民众接收到的跨域公共危机信息或是混乱不清或是相互矛盾。

第三节 防范化解重大安全风险协同治理系统构成要素

防范化解重大安全风险协同治理系统构成可以理解为重大安全风险协

同治理中各组成部分之间的排列组合及有序搭配关系，而防范化解重大安全风险协同治理机制就是保证这一系统良好运行的资源、手段与制度设计。上文已经回答了"为什么需要将协同治理理论引入防范化解重大安全风险之中"，这一节将着重探讨防范化解重大安全风险协同治理系统的具体构成要素。

周芳检（2018）认为，一个完备城市公共危机跨部门协同治理系统是由各种不同的要素、结构和功能组成的，并将城市公共危机跨部门协同治理系统概括为组织架构要素、流程运行要素、资源保障要素、激励问责要素和政策法规要素五个要素组成部分。他认为设计合理的组织架构、不断优化的运行流程、起到保障作用的应急资源、激励问责机制以及法律法规的规范引导五项要素保证了城市公共危机跨部门协同治理系统的正常运转。接下来，本节将具体对防范化解重大安全风险协同治理系统的构成要素进行详细分析。

一、组织架构要素

正如前文所言，防范化解重大安全风险协同治理，是将各组成部分由无序变成有序，由个体变成一个系统，需要对各组成部分进行排列组合以及有序搭配，而这必将构成防范化解重大安全风险协同治理的一个组织架构。组织架构要素可以被认为是基于公共危机应急管理目标而设计和建立的一套组织机构和职位系统，是城市公共危机跨部门协同治理的基础结构依据。

防范化解重大安全风险协同治理的组织架构体系，可以结合"组织"与"架构"两个关键词进行理解。组织主要是指协同治理中作为实体组织的不同参与主体，架构则主要是指各实体组织之间的关联以及整体有序的排列组合。防范化解重大安全风险协同治理的组织架构体系，体现了不同参与主体在防范化解重大安全风险中的职责、权限以及相互之间的关系。

以往研究多集中于政府这一单一主体在城市公共危机治理中的组织架构，探讨不同层级政府及各部门之间在公共危机治理中的职责定位与管理权限，以此决定公共危机治理过程中各政府主体以及部门的法理职责。

特别是在风险社会中，跨界突发事件不断增多。这类事件的处置，特别是跨越行政边界的突发事件，往往需要多个地方以及多个政府部门协同治理，需要突破传统行政区划，打破以往部门分工，集中多个地方政府以及政府部门的资源，发挥多政府主体力量，统一应对跨域危机。例如，韦彬聚焦跨域公共危机治理中政府组织结构，认为政府组织中各部分的排列顺序、聚散状态、空间位置、联系方式和各要素间相互关系是整个政府组织管理系统的基本框架。跨域公共危机治理中政府组织结构是区域内政府组织的全体成员为了实现区域政府组织的跨域公共危机良好治理的总体目标，在跨域公共危机治理中进行分工协作，在跨域公共危机治理的职务范围、权利、责任方面所形成的较为固定的结构体系，其本质是为实现区域政府组织有效应对跨域公共危机的战略目标而采取的一种区域政府组织相互分工协作的体系，并通过制度化形式加以固定，给予其治理的合法性。

周芳检按协调主体和方式将我国跨部门协调机构分为了等级制纵向协同、协商式横向协同以及条块间斜向协商三种组织结构。[①] 具体而言，等级制纵向协同结构采取的是以权威为依托的等级制纵向协同模式，一些常设或临时设立的议事协调机构是这一类组织架构的典型代表，通常具有任务导向型特征。如2018年党和国家机构改革前的国务院抗震救灾指挥部、国务院三峡工程建设委员会、国家应对气候变化及节能减排工作领导小组、国务院扶贫开发领导小组等均属于任务导向型协同治理机构，其通过设立办事机构，负责日常事务的具体实施，并通过全体会议、办公会议、办事机构会议、成员单位联络会议等召集各部门成员一起开展日常工作，或为

---

① 周芳检：《大数据时代城市公共危机跨部门协同治理研究》，湘潭大学2018年博士学位论文。

了满足特定时期迅速推动工作的需要,解决跨行政区划、跨政府部门、跨行业的相关事件。又如2018年机构改革后,国务院抗震救灾指挥部办公室设在应急管理部,指挥长由国务委员担任,副指挥长由应急管理部党委书记、应急管理部部长、国务院副秘书长以及中央军委联合参谋部副参谋长共同担任,成员涵盖了中央宣传部、外交部、发改委、公安部、民政部、司法部、财政部、自然资源部、生态环境部等众多部门,并下设抢险救灾组、群众生活组、地震监测组、卫生防疫组、宣传组、生产恢复组、基础设施报账和灾后重建组、水利组以及社会治理组共计9个工作组。

按照"中央关于精简和严格控制议事协调机构设置,涉及跨部门事项由主办部门牵头协调"的改革精神,2008年国务院印发了《国务院关于议事协调机构设置的通知》,规定"要严格控制议事协调机构设置。凡工作可以交由现有机构承担或者由现有机构进行协调可以解决问题的,不再另外设立议事协调机构,涉及跨部门的事项,由主办部门牵头协调;确需设立议事协调机构的,要严格按照《国务院行政机构设置和编制管理条例》的规定,由国务院机构编制管理机关提出方案,报国务院决定,一般不单设实体性办事机构,不单独核定人员编制和领导职数",并在本文件中对近30个议事机构工作承担部门进行了调整划分,撤销了20余个议事机构。大幅精简议事协调机构后出现了联席会议制度,周芳检将此类组织架构定位为协商式横向协同结构。[1] "联席会议"由多个政府部门共同组成,设置一名召集人与多名成员,通常情况下,各成员单位安排一名固定的联络人,建立较为完善的信息通报制度、信息共享制度和定期例会制度。将联席会议定位为协商式横向协同结构是由于召集单位与其他各成员单位并非上下级关系,而是平等的协作关系,其本质上反映了各部门之间的平等协商,共同应对某一管理问题。例如重特大生产安全事故责任追究沟通协调工作部际联席会议制度中,召集人为监察部副部长,成员为公安部、司法部副部

---

[1] 周芳检:《大数据时代城市公共危机跨部门协同治理研究》,湘潭大学2018年博士学位论文。

长、安全监管总局副局长、高法院副院长以及高检院副检察长，联席会议设联络员，由成员单位有关司局一位负责人担任。重特大生产安全事故责任追究沟通协调工作部际联席会议办公室设在了监察部，由其承担联席会议的日常工作，协调、督促、落实联席会议议定的事项。由此可见，联席会议制度是跨部门沟通协调的重要横向协同治理机制。

条块间斜向协同结构主要是指地方政府与其上级政府部门之间的协同，这主要是由我国行政组织体系中的条块关系所决定的。条块关系是我国行政组织体系中基本的结构关系，在行政管理中，行政既按职能进行管理，又按属地进行管理。在我国，除了一般的纵向上的层级制政府关系和横向上的府际关系，还存在海关、金融、海事、国安等中央垂直领导部门，以及质量监督、地税、国土资源等省级以下垂直领导部门。垂直部门不受当地政府领导，实施"一条线"管理，人、财、物归本系统内上一级部门统筹管理。垂直管理部门具有非行政区划性、垂直性、相对独立性的特点，减少和避免了地方保护主义等问题，提升行政效率与管理质量，强化国家宏观调控力度。但垂直管理也不可避免地造成了条块分割，按职能进行管理的系统与按属地进行管理的系统之间各自封闭，联系性和协调性较差。

二、流程运行要素

公共危机应急管理中的流程运行要素主要是指在突发事件事前、事中、事后全过程中，采取的各种制度化、程序化的应急管理方法和措施。流程运行体系是公共危机治理的核心要素，其通过制度化、程序化的方式，对如何应对突发事件与公共危机进行了流程规范。正如前文所言，公共危机治理中，无论是重大安全风险事件，还是跨域公共危机，其通常会跨越多个政府层级，涉及多个行政部门，并且公共危机其本身还涵盖了事前、事发、事中、事后等诸多阶段，各个子系统以及各个处置环境彼此相连、相互影响。如若要使得各子系统之间发挥 1+1>2 的功效，要使系统各要素、各子系统发挥出整体的功能，就需要从流程运行体系出发，建立一套科学、协同、高效的应急管理流程运行体系。结合突发事件的周期特征，更是需要系统构建集预防准备、监测预警、决策处置与恢复重建于一体的应急体系和运作机制。

公共危机跨部门预防准备机制是应急工作的基石。预防准备是在灾害与危机发生之前，为消除或降低危机发生的可能性及其带来的危害性所采取的预防性风险管理行为。既往的灾害危机应对经验表明，风险社会中公共危机发生的难以预见性、复杂性、损失严重性等特征都对应急管理关口前移提出了要求。关口前移并非仅仅是指救灾物资的提前储备，更是指在宏观层面中政府相关部门在制定政策措施、开展城市规划、实施城市管理时就需要从源头针对危机诱因进行防控管理，其需要利用行政、技术等治理手段，通过多部门联合调查和风险精准评估、多渠道动态掌握危险源信息，从源头上预防、减少或者消除危机发生诱因。同时还需要提前做好应急准备，构建平台促进应急人力、物资、技术资源充分、高效共享，并通过加强应急演练提升危机应对能力，尽最大可能减少危机可能带来的危害与损失。

公共危机跨部门监测预警机制是减轻灾害的关键所在。跨域公共危机虽然具有不确定性与突发性，但仍可通过监测预警进行一定防范。应急管理部门以及相关涉及部门基于历史数据、资料以及最新监测数据情报对未来灾害发生情况进行预测，对危机灾害以及城乡安全状况进行综合分析研判，并结合科学技术手段对危机、灾害的发展趋势作出推断，发出预警，提醒公众规避危险，达到降低经济和社会损失的目的。当前监测预警机制建设的重点是提高信息收集的自动化、风险监测的智能化、信息处理的专业化以及预警信息的共享性，特别是共享的预警机制是公共危机、重大安全风险以及跨域公共危机治理的关键，通过跨域联网对公共危机进行监测并互通信息是降低跨域公共危机带来损害的重要实现途径。

公共危机跨部门处置机制是应急管理事中阶段的危机应对重心所在。当公共危机事件发生后，政府应急管理部门为尽快控制和减少事件带来的损失，首要任务就是要采取紧急措施，如启动应急预案、适时发布信息、科学决策指挥、开展联合救援等。在公共危机治理过程中，政府作为具有合法性的治理主体，负有组织救援和协同其他治理主体的职责。政府需在实施决策、统一指挥、强化应急联动、完善信息发布等方面发挥其法定职责功能，提升危机处置水平，避免突发事件失控，杜绝事态扩大而造成更大的灾难。灾害发生后，救人是第一要务，政府要第一时间开展紧急救援，动员一切力量与资源保护人民群众生命财产。政府在重大安全风险治理中同样占据着核心地位，承担主要的救援责任，需要承担起协调不同治理主体的职责，特别是要防止在公共危机应对中治理主体相互推诿扯皮产生矛盾导致救援存在盲点盲区覆盖不到位的情况出现，保证各主体凝心聚力应对公共危机。

公共危机跨部门恢复重建机制同样是应急链条中的重要一环。危机事件的恢复重建被视为应急管理中的末端一环，在该阶段中，在危机事件得到控制后，政府部门工作重心发生变化，转移到恢复重建中来，积极消除危机与灾难带来的消极后果。该阶段中政府需联合社会力量开展危机后的善后恢复、救助补偿、调查评估和规划重建工作，政府应成立危机善后管理机构，制定重建计划和实施方案，给予必要的经济援助，对灾区群众进行心理干预，通过多主体协同将基础设施、公私财产、社会秩序和公众心理恢复到正常状态，以便安抚民众、稳定社会、提升政府公信力。在恢复重建阶段，政府还应启动问责机制，追究相关人员在危机应对协同治理中的不作为行为，追究直接、间接责任者，玩忽职守者以及临阵脱逃者等相关人员的职责。恢复重建阶段的另一重要环节是评估与总结，对危机治理过程进行评估，可以基于"成本-收益"更好地提升资源利用效率，同时总结经验为防范化解今后可能再次发生的危机以及为其他区域地方政府提供可学习、可借鉴的样本。

三、资源保障要素

公共危机跨部门协同治理需要各个子系统共筑一个整体性协作系统，一个系统与组织的构建必然有相关的人力资源、物力资源、信息资源、技术资源的共同支撑。正如前文分析所示，公共危机协同治理中存在着资源碎片化问题，良好的公共危机协同治理需要对分割的资源进行高度整合，集成系统资源。在重大安全风险防范中，不仅要吸引市场、企业等私人部门的外部新资源，更要通过内部资源的整合、共享，打破内部资源利用的壁垒，突破现有资源部门化、地域化的限制，实现系统内部资源的互补和优化配置。

首先是人力资源和物力资源。人力资源和物力资源是应对重大安全风险的基础保障。传统应急管理中通常是按照灾种或分部门建设各自的应急队伍，人力、物力资源分散，难以形成应急合力。虽然针对不同灾种对人力资源的相关特征有不同的需求，但在跨域治理中，人力资源碎片化主要体现为人才储备不足、人才分布不均衡、高中低层次危机治理人才比例不平衡以及跨部门、跨地区、跨行业的人才整合性不高等情况。应急管理中的物力或者说物质资源通常是指一些基础救援设施和物资，资源部门化、区域化，有限的应急物资分散在不同的地方政府或部门之间，出于地方利益与部门利益，不同地方政府以及部门之间互不通报家底，同时资源跨域跨部门配置存在困难，难以发挥合力。要解决这个问题，需要自上至下地设置共同应急目标，采用科学的方法，促进区域间、部门间人力资源和物力资源的合理流动，提升防范化解重大安全风险的资源合力。

其次是信息资源。信息资源是保障与提升防范化解重大安全风险的重要构成。正如前文分析所述，安全信息的碎片化会导致治理主体不能及时、有序应对危机问题。需要建立相关的信息共享平台，研究制定促进公共安全信息共享的政策法规，合力破解公共危机治理中所面临的信息资源的部门私有化问题。同时,还亟须畅通信息交流渠道,完善信息共享机制,让各参与主体更完善地了解、掌握公共安全的现实情况与最新状态,以此提升各主体协同默契。信息的及时公开发布也能够提升公众对公共安全状况的认知度,增强社会公众应对公共危机的信心,为公共安全事件协同治理的实现提供有力的保障。

最后是技术资源。技术资源越发成为防范化解重大安全风险的重要支撑。随着科技的发展,通信技术、集成空间技术、卫星定位与导航技术、传感器技术等成为空间数据实时采集、存储、处理、分析、更新的强有力工具,为公共危机治理提供了数据收集、分析与辅助决策的强大技术支撑。同时技术资源特别是协同智慧系统的构建,能够实现各级政府以及政府部门之间应急指挥系统的互联互通,集成远程监控、数据汇集呈现、视频会议、指挥调度、智能分析、协同联动等功能,实现危机管理中统一指挥调度,提升协同处置效能。

四、激励问责要素

奥尔森在《集体行动的逻辑》一书中写道:"在一个集团范围内,集体收益是公共性的,即集团中每一个成员都能共同均等地分享它,而不管是否付出了成本。集团收益的这种性质促使集团每个成员想搭便车坐享其成。集团越大,分享收益的人越多,为实现集体利益而进行活动的个人分享份额越小。所以经济人假设下,经济人或理性人都不会为集团的共同利益采取行动。"奥尔森指出,只有一种独立的和选择性的激励才会驱使潜在集团中的理性个体采取有利于集团的行动。公共选择理论同样指出,有理性的、寻求自我利益的个人不会采取行动以实现共同的或集团的利益,除非给予成员不同于共同或者集团利益的独立激励。防范化解重大风险协同治理体系作为一个整体性系统,符合集体行动的逻辑,在跨部门协同过程中,各参与主体可能会获得诸如学习和适应的机会、应对复杂问题能力提升,以及在某一领域施加影响的权力等收益,但同样可能需要承担时间、金钱、信息、合法性、地位以及受失败牵连等成本。因此,防范化解重大风险协同治理体系的运行中,同样面临集体行动的困境。

为防止跨部门协同治理陷入集体行动的困境,需要建立一套激励约束体系,这一体系包含两个维度,一是正向激励,二是严厉问责。一方面,通过正向激励促进合作。跨域公共危机协同治理中,不同地方政府、不同政府部门、不同参与主体的治理目标与追求的利益存在差异,拥有的资源实力不同,可投入治理资源也不尽相同。周芳检认为,可以基于跨部门协同治理绩效评估,建立起一套具有针对性的组织和个人激励机制。① 具体而言,一是开展协同治理绩效评估,以评估结果作为实施激励的基础依据,具体包括对协同治理的整体绩效和单一部门参与的绩效进行评估;二是采用差异化激励方式,提高激励的吸引力和效用性,满足不同群体不同个人的利益追求;三是采用不同的激励方式,综合运用物质激励、精神激励、晋升激励以及政策激励等形式对完成协同治理的部门以及个人进行奖励,以此为实现跨部门协同治理提供动力;四是实施全过程激励机制,将对部门和个人的激励贯穿整个公共危机应对的事前、事发、事中、事后全过程中。

另一方面,在正向激励的同时,必须建立负面激励机制,即问责机制。希克斯认为,责任是整体性治理中最关键的因素。仅以政府这一主体为例,其在防范化解重大安全风险上负有政治责任与管理责任。负面激励机制可以从以下几个方面进行界定与确立。一是清晰界定不同治理主体责任,明确界定各参与主体的管理权限。通过厘清权力责任清单,将具体的职责和工作任务落实到相关责任人身上,是实现公共危机协同治理责任追究的前提。二是设定协同流程,明确扩大响应的标准和条件。特别是跨域危机治理中,最易发生扯皮与推诿的环节,或者说使得风险与灾难扩大的潜在因素就

---

① 周芳检:《大数据时代城市公共危机跨部门协同治理研究》,湘潭大学2018年博士学位论文。

是响应标准与条件的模糊性。通过明确扩大响应的标准和条件，确定公共危机超过某一特定部门处置能力范围需要扩大响应时，即可遵循一定标准与程序启动协同治理。三是严格应急管理失职的责任追究。对那些参与协同治理不力、落实责任不到位或者失职部门和个人进行问责，给予相应处罚。可在评估基础之上，结合科学技术手段，对治理责任进行溯源，为问责提供依据，精准问责，提高问责的科学性。

五、政策法规要素

政策资源是协同应对重大安全风险的制度保障的构成要素。经济合作与发展组织认为，政策整合包含两个维度，一是横向维度，二是时间维度。横向维度整合主要是为了使单个政策相互支持，防止政策内容互相矛盾或者政策目标相互冲突，以此解决公共危机管理中的政策碎片化问题，解决"政出多门""九龙治水"导致的政策打架现象，减少不同部门之间政策法规的矛盾与冲突。时间维度整合则主要是为了确保当前政策在可预见的将来拥有持续效力，注重协同政策的可持续性，以此解决"运动式治理"的弊端。

重大安全风险协同治理离不开法治化与制度化，法律法规为协同治理的治理目标、治理手段、治理程序提供了合法性依据。法律法规是保障重大安全风险协同治理的根本。截至 2021 年 11 月，在应急管理部官方网站搜索可以发现我国已颁布并实施了《中华人民共和国安全消防法》《中华人民共和国安全生产法》《中华人民共和国突发事件应对法》等法律 38 部，行政法规 43 部，部门规章 102 部，规范性文件 140 部。防范化解重大安全风险协同治理的政策法规不断完善，但距离构成一个系统、完整的公共危机治理法律体系还有一定差距，仍需要加快系统化的跨部门协同治理法律法规体系建设，为公共危机的协同治理提供法律依据。

此外，政策法规因素不仅体现为对政策文本内容，更需要严格执法。在风险社会中，跨界公共安全问题不断增多，风险危机越发复杂化，传统的各管一段式的行政执法所带来的执法权限冲突问题越发严重。跨部门协同执法是未来公共危机协同治理的另一主导方向。

第四节 防范化解重大安全风险协同治理维度

重大安全风险协同治理的主体包括政府、非营利组织、企业、公民等，其中政府是跨域公共危机治理的核心，政府机构通过各种常规化、制度化方式与非营利组织、企业、公民等主体共同防范化解重大安全风险，形成上下左右共同联动的协同治理网络。

一、防范化解重大安全风险协同治理的横向维度

横向维度是防范化解重大安全风险协同治理的重要方面。协同治理具有治理这一概念的特征，即多元主体平等协商。在防范化解重大安全风险中，横向协同主要表现为同一层级的地方政府间的协同、政府部门间的协同、政府与市场的协同以及政府与社会的协同。

地方政府间的协同主要见于以大气污染、水污染治理为典型的跨域公共危机治理之中。地方政府之间不存在相互隶属关系，但存在地方保护主义倾向，如何实现跨行政区划的地方政府间协同治理是一个现实问题。特别是在具有污染负外部性和治理效应外溢性的环境污染治理中，环境污染具有流动性和跨区域性，使得环境问题跨越行政边界，原有的区域化、属地化治理模式难以有效解决此类问题。各地方政府之间存在利益矛盾和冲突，对良好环境这一公共产品的提供产生了非合作博弈以及环境保护的"囚徒困境"。地方政府治理意愿薄弱，特别是污染上游地区，其他地域还存在着"搭便车"思维，相关数据显示，越来越多的污染型企业"选址"

在两省或两区域的交界,这也在一定程度上展现了跨域环境问题的治理难点,处理不好甚至会引发两个临近地区之间的矛盾。

政府部门间的协同主要是指政府部门之间在公共治理过程中建立长期而有效的合作关系。但与同一层级的地方政府关系一样,水平层面的政府部门属于平行层级,不存在相互隶属关系。但由于政府职能分工过细,部门职能存在交叉领域,同一公共问题的处理涉及多个政府部门,受到部门利益驱使,特别是对那些有权有钱的问题,各部门都倾向于去实施管理。针对食品安全、应急管理等复杂的公共问题,政府多采取多头管理,由多个部门进行分割性管理,但实践证明这种管理方式容易造成管理真空,由"多头管理"变成"无人管理"。

政府与市场的协同管理主要体现在政府与市场协同提供公共服务上。市场作为社会公共服务和公共产品供给中不可或缺的力量,对于一些准公共物品,市场在供给中更有效率。在新公共管理运动中,越发倡导政府作为掌舵者而非划桨者,通过服务外包,提升行政效率。特别是当今社会中,随着人们生活水平不断提高,公民对公共服务、公共产品的差异化需要越发凸显,公共服务在区域、行业、群体之间表现出一定的差异性,这也必然要求公共服务供给也要实现差异化、多样化,使之与群众需求相匹配。现实中的群众需求为市场有效参与协同提供公共服务创造了客观需求。政府不再作为唯一的提供者,可以通过公共服务外包、招投标等方式,在教育、文化、医疗卫生、信息产业等多个领域引入市场这一治理主体协同提供公共服务。

政府与社会的协同主要是指防范化解重大安全风险中有效地吸纳社会组织以及民众的参与。社会组织,又称非政府组织,是弥补政府失灵、市场失灵的重要补充途径。特别是对于一些地方性、社会性的公共问题,社会组织发挥着不可替代的作用。在防范化解重大安全风险中,如在救灾过程以及一些灾后重建与恢复阶段,社会组织已发挥出巨大力量;又如新冠疫情中,各地方的非政府组织在疫情防控知识宣讲、防控物资发放,特别是小区内蔬果等生活物资运送中发挥了不可小觑的力量。公民也是政府与社会协同治理的重要力量，在防范化解重大安全风险中，公民作为最基层的一环，在最起始的灾情发现、上报、简单处置以及自救方面也发挥着强有力的作用。

二、防范化解重大安全风险协同治理的纵向维度

防范化解重大安全风险协同治理的纵向维度，主要基于权力的运行，因此主要存在于上级政府与下级政府的层级政府治理体系之中。可以说，纵向府际关系是一种自上而下的行政等级关系，这种纵向等级关系决定了重大安全风险协同治理中必然存在纵向协同。同时由于政府对市场中的企业等具有规制权力，因此政府与市场中也存在着纵向维度的协同治理。防范化解重大安全风险中的纵向协同，其权力向度是自上而下的，通过行政命令、法规执行、正式流程等方式，涵盖了问责机制、激励机制以及规制机制。

政府间的纵向协同主要是通过完善的正式规则、制度规范和有效的执行力来打破部门壁垒，整合政府部门资源与力量进行集体行动。政府层级间的纵向协同也需要自上而下的放权、分权，优化纵向府际关系来超脱等级制，实现中央与地方、省级政府与市县乡（镇）的协同治理。政府与市场的纵向协同则是由于政府对市场失范行为能够产生很强的约束力，其能够以强制力和权威领导市场参与重大安全风险的协同治理。但在纵向协同中，政府如若过于强调其权威，依赖强制力带动企业、非营利组织的合作治理，也会在一定程度上产生负面影响，导致非营利组织、企业、公民、国际组织等多元主体在公共危机治理中弱参与或选择性配合。同时也要避免传统的政府独揽公共危机治理的权力领域，而使得非营利组织、企业、公民等多元主体被完全排斥在跨域公共危机治理之外，打击其他治理主体协同治理的积极性。

第三章
防范化解重大安全风险协同治理主体结构

本章主要研究防范化解重大安全风险协同治理主体结构的优化问题。第一,分析了多元主体参与防范化解重大安全风险的价值意义,包括健全运行机制的必然要求、创新治理体制的必要性和实现协同治理的重要前提。第二,探讨了防范化解重大安全风险协同治理体系主体构成的构建原则和具体分析。第三,对防范化解重大安全风险协同治理主体结构现状进行了评估,包括取得的成效和基本情况。第四,分析了当前防范化解重大安全风险协同治理主体建设存在的主要问题及其原因。第五,提出了防范化解重大安全风险协同治理主体培育机制的对策,包括建立政策扶持机制、动态优化机制、治理机制和能力建设等内容。

第一节 防范化解重大安全风险多元主体参与的价值意义

当前和今后一个时期,我国发展进入各种风险挑战不断积累甚至集中显露的时期,面临的重大斗争、重大风险更加复杂多变,经济、政治、文化、社会、生态文明建设和国防军队建设、港澳台工作、外交工作、党的建设等方面面临各类复杂局面。各种矛盾风险挑战源、各类矛盾风险挑战点既相互交织又相互作用，如果防范不及、应对不力，就会传导、叠加、演变、升级，小的矛盾风险挑战发展成大的矛盾风险挑战，局部的矛盾风险挑战发展成系统的矛盾风险挑战，国际上的矛盾风险挑战演变为国内的矛盾风险挑战，经济、社会、文化、生态等领域的矛盾风险挑战转化为政治领域的矛盾风险挑战，使社会治理体系面临更多的挑战和风险，最终危及党的执政地位、危及国家安全。党的二十大报告提出，要统筹发展和安全，明确我国社会主要矛盾是人民日益增长的美好生活需要和不平衡不充分的发展之间的矛盾，并紧紧围绕这个社会主要矛盾推进各项工作，不断丰富和发展人类文明新形态。防范化解重大安全风险事关人民群众生命财产安全、国家安全和发展全局，始终是应急管理部门的重大职责使命和重大政治责任。所以，要坚持源头治理，强化主体责任，进一步健全运行机制，切实抓好重大安全风险防范工作。

一、健全防范化解重大安全风险运行机制的必然要求

2020年4月27日，习近平总书记主持召开中央全面深化改革委员会第十三次会议时强调："发展环境越是严峻复杂，越要坚定不移深化改革，健全各方面制度，完善治理体系，促进制度建设和治理效能更好转化融合，善于运用制度优势应对风险挑战冲击。"要打赢防范化解重大风险攻坚战，必须坚持和完善中国特色社会主义制度、推进国家治理体系和治理能力现代化，运用制度威力应对风险挑战的冲击。面对我国经济社会发展中各类新情况新问题，要求在风险防范和风险治理过程中，逐渐改进传统社会管理的单一化思路，通过治理主体的多元化来应对社会多元化的需求，实现多元化的社会治理。因此，共建共治共享的社会治理格局需要实现多元主体的协同治理，要强化防范化解重大安全风险的协同治理，明确、优化协

同治理主体结构，提升防范化解重大安全风险的协同治理能力，这对防范化解重大安全风险协同治理、推进国家治理体系和治理能力现代化具有重要价值。

我国现代社会的组织体系主要由三大部门构成，包括以行政机构为主体的国家政府组织、以企业为主体的市场经济组织和以非营利机构为主体的社会组织。[①] 政府是依靠科层制权力体系的机制运行，在社会系统中承担着规划引领、投入和分配公共资源的角色；企业是靠市场机制运行，通过各种参与方式去承担社会责任；非营利组织是靠社会参与和利益协调的机制运行。在社会运行和社会建设中，国家、企业和非营利组织三者良性互动，共同协调，构成现代社会的基础结构，共同构成促进经济社会发展的主要组织体系。其中，政府是国家的主要载体，企业组织是市场的主体，而社会组织是公民社会的表现形式，这为防范化解重大安全风险的多元主体参与提供了结构基础。

从当前应急管理实践来看，各类风险事件呈现出系统性、规模性和综合性的特征，多元性突出，这也需要多元主体的参与。同时，随着公民意识的增强，社会公众的参与更加主动，这为风险应对的多元主体参与提供了可能。党的十九届四中全会明确提出，要构建统一指挥、专常兼备、反应灵敏、上下联动的应急管理体制，优化国家应急管理能力体系建设，提高防灾减灾救灾能力。这为防范和化解重大安全风险，建立协作高效的运行机制提供了方向。其关键点就是各个风险涉及的主体应当通过协调联动、纵横结合的方式，打破部门壁垒和区域限制，协同应对当前经济社会发展中的各类重大安全风险，通过跨层次、跨部门、跨领域的制度安排来实现多元参与。因此，要坚决维护国家安全和社会稳定，统筹发展和安全，保障我国经济社会平稳运行，充分认识风险发展的规律，科学防范化解各领域重大风险，培育和发展多个社会主体，在大安全大应急框架内良性互动，

---

① 李培林：《我国社会组织体制的改革和未来》，《社会》2013年第33期。

这既是我国应急管理体制改革的目标要求，也是防范化解重大风险运行机制完善的题中应有之义。

二、创新防范化解重大安全风险治理体制的题中之义

党的十八大以来，我国应急管理体制机制不断完善，为有效防范化解重大风险挑战发挥了重要作用。治理与管理，一字之差，体现的是系统治理、依法治理、源头治理、综合施策，治理机制逐渐从治标向治本转变，治理理念由一元主体向多元共治转变，这充分体现了我国现代治理体制的创新。2016年，《中共中央 国务院关于推进防灾减灾救灾体制机制改革的意见》发布，强调坚持分级负责、属地管理的原则，根据灾害造成的人员伤亡、财产损失、社会影响等因素，及时启动相应应急预案，中央发挥统筹指导和支持作用，各级党委和政府分级负责，地方就近指挥、强化协调并在救灾中发挥主体作用、承担主体责任。同时，在该意见中指出要坚持党委领导、政府主导、社会力量和市场机制广泛参与，充分发挥我国的政治优势和社会主义制度优势，坚持各级党委和政府在防灾减灾救灾工作中的领导和主导地位，发挥组织领导、统筹协调、提供保障等重要作用。逐渐明确了属地管理体制的基本要求，就是中央和地方在不同层次上事权划分，强化了地方政府在灾害风险防范中的主体作用，要承担主体责任。从该意见来看，更加注重组织动员社会力量广泛参与，建立完善灾害保险制度，加强政府与社会力量、市场机制的协同配合，形成工作合力。

2018年，应急管理部正式挂牌成立，标志着应急管理体系建设进入新的阶段。地方应急管理部门通过不断推进机构改革，整合多项职能，深化应急综合执法改革和消防执法改革，不断建立具有中国特色的应急管理体系，综合应急水平有较大提高，应急管理体制机制不断完善。党的十九届五中全会进一步强调，要统筹传统安全和非传统安全，把安全发展贯穿国家发展各领域和全过程，防范和化解影响我国现代化进程的各种风险，筑

牢国家安全屏障。统筹发展和安全，需要建立健全防范化解重大安全风险的运行机制，这是加强和创新社会治理，健全社会治理体系的重要内容。因此，创新风险治理机制，需要大力培育和发展党委和政府占主导地位，包括社会组织、企业组织、社会公众等在内的多元协同治理主体体系，进而真正构建起党委领导、政府主导、多方参与的应急管理体系，从而实现政府主导机制、市场运行机制与社会自治机制的良性互动、相互制衡和有效运行。[1] 加强和推进防范化解重大安全风险治理的机制建设，必须从风险治理理念、风险治理结构、风险治理模式、风险治理手段等方面进行风险治理机制创新。[2] 社会重大安全风险及其影响的系统性对我国风险治理模式带来挑战，原有的单一化、由上至下、部门化的部分管理，需要从风险的多源性、不确定性、风险演化的不可预测性、风险影响的重大性等方面去考虑，加强区域、部门、上下等纵横方面的协同联动，面向所有主体，动员和鼓励各类主体参与风险治理，逐步转向整体性治理模式。在治理结构上，要加强多元主体结构培育和建设，不断完善社会组织参与治理制度，明确划分不同主体的治理职责，建立互补联动的风险治理体系，大力提升风险治理的效果。在风险治理手段上，转换单一风险治理手段，综合运用多种手段，因地制宜，因事而变，大力提升风险防范和风险化解的效果。

在防范化解重大安全风险中，在坚持党委领导、政府负责的根本前提下，努力打造共建共治共享的社会治理格局，鼓励社会力量和市场主体参与防范化解重大安全风险，是社会主义本质及尊重人民群众主体地位在新时代的重要体现和实践展开。这意味着更加重视推动人的全面发展和社会全面进步，参与主体从单纯依靠政府转向党委领导、政府负责下的社会多元主体共同治理，治理方式从自上而下的单向管理转向政府和多元主体良性互动，是一切为了人民、发展依靠人民、发展成果由人民共享，重视全

---

[1] 刘卫平：《论社会治理主体培育：价值、困境与策略》，《邵阳学院学报》（社会科学版）2015年第14期。
[2] 李建国、周文翠：《社会风险治理创新机制研究》，《中国特色社会主义研究》2017年第1期。

民积极参与、共同建设和共同治理，不断满足人民群众日益增长的美好生活需要的社会治理理念的根本体现，更是创新风险治理体制的根本要求。

三、实现防范化解重大安全风险协同治理的重要前提

随着我国经济进入高质量发展阶段，国际形势复杂多变，政治、经济、社会、科技等领域的风险频发多发，公共安全面临许多新情况、新挑战，矛盾风险挑战之多前所未有。2016年11月，习近平总书记在纪念孙中山先生诞辰一百五十周年大会上强调："时刻准备应对重大挑战、抵御重大风险、克服重大阻力、解决重大矛盾，以不畏艰险、攻坚克难的勇气，以昂扬向上、奋发有为的锐气，不断把中华民族伟大复兴事业推向前进。"面对各种风险挑战，必须具有全面的监测预警、果断的决策指挥、协调的组织行动、广泛的社会动员、充分的应对措施，必须按照分级负责、属地管理的原则，强化不同层级主体的协同，发挥协调联动运行机制。[1] 有效防范政治、经济、科技、社会等领域的各类风险，有效处置和应对各类安全风险挑战，最大限度地降低人民群众生命财产损失，是防范化解重大安全风险协同治理的重要内容，更是推进应急管理体系和能力现代化的首要任务。

牢固树立安全与发展理念，全力防范化解重大安全风险，是应急管理部门的主要职责。[2] 实现防范化解重大安全风险协同治理，必须以多元治理主体为支撑。在风险治理中，协同治理的主体并不仅仅是政府或者应急管理部门，也不仅仅是某个企业组织、某个社会组织或某些公众，而是由风险影响领域的政府部门、相关企业、社会组织和公众共同构成的多元主体结构。因而在风险治理的多元主体结构中，以应急管理部门为基本单元的政府应当在风险协同中发挥主导作用，对企业组织、社会组织的参与方式、

---

[1] 马宝成：《不断提高防范化解重大风险的能力》，《齐齐哈尔日报》2021年1月15日。
[2] 薛澜、沈华：《五大转变：新时期应急管理体系建设的理念更新》，《行政管理改革》2021年第7期。

参与渠道和贡献资源进行协调和整合，更好地发挥多主体的系统作用。同时，以服务公众为核心，吸引和鼓励其他社会公众的参与，真正实现共建共治共享的社会治理格局。而且，由于不同主体的功能优势、行动偏好和资源状况均不相同，只有加强不同主体间的功能整合、行动协调和资源互补，才能实现主体间的协同合作，进而实现风险协同治理。

第二节 防范化解重大安全风险协同治理体系主体构成

分析防范化解重大安全风险协同治理体系的主体结构，必须分析体系中的主体构建原则，分析各主体在结构中各自发挥什么作用，才能完整地了解协同治理体系的运行逻辑。

一、防范化解重大安全风险协同治理体系主体构建原则

以协同治理为核心的风险治理体系，要理顺不同主体的关系，整合不同主体的任务，明确不同主体要素的角色责任，这是构建和培育风险协同治理主体的根本要求。一是明确政府主体及部门协同关系要素。作为协同治理主体的政府要主导各类公共资源要素的协调运作，内部不同部门之间具有不同的职能职责，需要推进部门整合。实现政府内部协同治理的首要路径是创新政府治理体制机制，从单一治理走向多元治理，实现部门之间协商和协作关系，整合各类公共资源，优化内部协同系统。应急管理部门要厘清纷繁复杂的各类信息，实现多部门协作、综合治理的新型治理结构。二是激发和培育社会组织要素。社会组织作为社会系统的子系统之一，要发挥独特的资源优势，改善民众不参与或较少参与公共事务的困境。积极

倡导并鼓励公众参与各类风险防范事务，现代治理精神提倡民众的自主性、忠诚性，发挥他们的各类资源优势与社会资本效能，真正实现社会系统与政府系统的有机整合。三是组织和统筹多元主体要素。从风险系统治理来说，不同主体要素之间应实现有效互动、理性沟通、协同共治。应急管理现代化意味着不断推进以政府为单一主体的传统社会管理模式向多元主体治理机制转变，由此也涉及风险防范协同治理中多元主体的关系问题。在多元协同治理的新逻辑下，要发挥不同主体之间的协同作用，推进基层社会以人为本的治理理念，建立多元治理主体体系。

培育社会治理主体，应当主要坚持以下四个原则。

（一）主体多元化原则

从治理理论的发展来看，其核心论点就是多元主体，强调平等、协商、互动等关系，超越了原有社会管理体制的单一性和对抗性，更体现了现代化的特征。[1] 应急管理的现代化就是要充分发挥社会各主体的积极作用和不同作用，通过规范化、制度化和程序化的运行机制，实现风险协同治理的最大效能，有效维护各个主体的根本利益。不同的应急管理主体具有不同的特点和优势，如政府部门能集聚资源，做好风险研判和风险准备工作，及时发现可能严重危害民众利益的风险隐患，并采取有效措施，维护国家安全和社会安全；市场主体通过市场进行资源配置，能实现资源优化配置和服务的专业化、多样化需求，能深入乡镇和基层，在风险信息收集上更加细致，风险反应更加敏锐，风险控制手段更加灵活；社会组织则根植于人民群众中，与社会公众关系密切，能最准确、全面了解民众的需求，能更加快速地执行风险控制措施，是政府组织的有益补充。因此，实现多元主体的良性互动，一方面依赖于各个主体的多元化，只有大力建构和培育与我国社会发展阶段相匹配的多元协同治理主体，广泛吸纳和激活社会力

---

[1] 于江、魏崇辉：《多元主体协同治理：国家治理现代化之逻辑理路》，《求实》2015年第4期。

量,才能真正形成多元协同的良好局面;另一方面必须依赖于多元协同治理主体的开放性,这既是实现应急管理现代化治理的重要保障,也是提升风险治理能力与治理绩效的重要前提。实现风险协同治理要求治理主体结构以政党组织、政府组织为主导,充分吸纳企业组织、社会组织、公众等其他协同治理主体,更加要求各类协同治理主体具有良好的协同治理认知、素养、能力以及公共责任和公共精神。重大安全风险的系统性和不可预见性,多种风险之间的关联性和耦合性呈现出多元主体协同应对的必然性,这就意味着风险防范主体或风险治理组织系统的多元性。虽然防范化解风险是应急管理部门的首要任务,但是更需要多个主体合作协同。单靠党委、政府单一主体和行政措施难以应对重大事故灾难风险,需要依靠社会组织、市场力量和广大民众的主动参与和配合行动,才能及时有效应对各类突发事件。因此,要大力培育和发展风险治理的多元协同主体,充分整合和吸纳社会各类主体参与风险处置,进而实现政府治理和社会自我调节、居民自治良性互动,确保国家长治久安和持续繁荣。

(二)结构优化原则

在传统的风险治理模式中,作为责任主体的政府主要通过行政机制进行调控,是风险应对的主要负责人,相较于其他主体更具行政性、规范性和主导性。一般情况下,政府部门通过资源调配、制度供给,如政策制定、行政协调、督促考核等手段应对各类重大安全风险,并制定有效的措施、手段和方法以控制危机和事故,以减缓事故对民众、组织和社会环境造成的负面影响,这是进行风险防范和风险治理的前提和基础。从现代官僚科层治理体制与中国政府治理体系框架来看,风险治理的政府主体分为三个层级:中央政府、地方政府(省级政府、市级政府)、基层政府(县级政府与乡镇政府)。[①] 不同层级的政府职能职责具有较大差异,这导致在风险治

---

① 罗熙:《构建多元主体参与的社会风险治理体系》,《社会科学报》2020年2月6日。

理中政府主体发挥的作用具有一定差异。这种纵向结构可以指令顺畅，执行有力，从整体上和综合层面上进行考虑，联动效应比较明显，结构化程度高。而市场组织通过市场机制运作实现效益的最大化，其本身就可能成为风险来源，理应当成为风险治理的合作者和参与人。同时企业组织因与社会其他系统嵌入程度较多，能更加快速对危险作出反应，容易发挥协同作用。社会组织，如专业社团、社区社群、专家团队等，具有更为丰富的专业知识和技能，在风险治理知识、风险防范措施制定等方面与政府部门刚好功能互补，成为风险治理结构中的重要系统。

在风险协同治理体系中，不同主体具有各自的特点和优势，在协同结构中也发挥不同的作用。但是因为他们各自目标、系统特点和内在结构的差异性，所以需要去建立和优化协同治理的结构关系，找到适当的互动方式和决策结构，明确各自的角色责任，遵循目标一致、行动统一、决策科学的要求，形成内在合力，通过各系统的耦合，发挥出协同治理主体结构的合力，形成风险治理的自组织状态，实现治理整体效能的最大化。

（三）人民至上原则

党的二十大强调，建设人人有责、人人尽责、人人享有的社会治理共同体。人民既是实践主体，又是价值主体。实现人民实践主体与价值主体的有机统一，这体现了治理结构中的人民主体性，必须将人民利益作为风险治理的根本价值目标。贯彻总体国家安全观，要坚持以人民安全为宗旨，这是防范化解重大风险的根本要求。

从客观上讲，社会是一个利益共同体，始终呈现出多元利益冲突和整合的复杂情境。理想的社会治理主体体系应该是以实现公共利益最大化为目标、多个利益相关者共同参与的共同体。协同治理主体体系更需要坚持公益至上价值理念，协调多个协同治理主体，形成以维护和实现公共利益最大化为核心价值取向、体现公平正义的利益平衡机制，保持各类主体良好的协同状态。如果缺乏公益至上的价值原则，任其利益偏好，必然会导致利益矛盾和冲突的产生，从而降低主体间协同度和协同力，严重影响社会的有效治理。

（四）开放互动原则

全面建成小康社会后，我们开启了全面建设社会主义现代化国家新征程，我国发展环境面临深刻复杂变化，发展不平衡不充分问题仍然突出，经济社会发展中矛盾错综复杂，必须从系统观念出发加以谋划和解决，全面协调推动各领域工作和社会主义现代化建设。系统观念强调各系统是由相互作用、相互依赖的若干主体构成，要从系统的结构关联和要素关系上去研究风险系统的特点和基本规律，实现系统的优化。系统观念不仅有助于理解风险协同治理的基本原理，更是统筹发展和安全工作的基本理念和工作方法。风险治理系统拥有多个主体，可以将其看作一个个子系统。每个子系统内部之间、内部与外部其他系统之间、子系统与外界环境之间需要进行大量的互动交流，以形成一个整体上多层次、多目标、多维度的复杂系统，同时又保持子系统的结构和功能，实现协同作用。因此，风险治理主体的建构既要求各个子系统的开放，又需要各个子系统之间的互动，在不断的相互作用中，更加稳定、有序和自组织化。坚持主体系统的开放互动，是各协同治理主体沟通协调、相互借鉴、取长补短，不断提高协同治理能力和协同治理绩效的主要方式和根本要求。

二、防范化解重大安全风险协同治理体系主体构成分析

党的十九届四中全会对坚持和完善共建共治共享的社会治理制度作出部署和安排，党委领导、政府负责、民主协商、社会协同、公众参与、法治保障、科技支撑是社会治理体系的重要内容。从社会治理体系角度来看，多元化主体可以发挥各自的优势，一般包括政府、市场和民间组织。但是，从风险治理实践来看，协同治理体系的主体构成包括党委领导下的政府、

企业、非营利组织、社会公众等，在防范和化解重大安全风险中发挥不同的作用[①]。

（一）党委领导下地方政府的主导作用

现代社会突发事件的特点使得各国政府的总体应急管理能力都面临严峻挑战。安全风险往往从纵横两个方向和维度，突破科层制组织的清晰界限，使应急协调成为困难。就我国来讲，中国共产党的集中统一领导是我国应急管理制度的重要优势，发挥党组织统揽全局、协调各方的作用在应急管理实践中意义重大。在党的领导下，政府在应急管理过程中的统筹动员、协同整合、执行落实更为高效。同时，党委能够对政府机构及职能的缺位进行有效补充，二者的互动具有应急管理双重保障的作用。党委对政府领导及二者的积极互动日益得到重视强化，并作为治理理念和经验，体现在制度法律中。如 2020 年 10 月颁布的《中华人民共和国生物安全法》第四条特别强调要"坚持中国共产党对国家生物安全工作的领导"；2021 年 6 月全国人大常委会修改《中华人民共和国安全生产法》，第三条增加"安全生产工作坚持中国共产党的领导"，同时将"两个至上"作为该法的基本原则。将党的领导写入法律并增加核心价值理念，使得相关法律制度具备了真正的"法的精神"。

应急管理的公共性和突发事件的特点，决定了党委领导下的政府在应急管理中起主导作用。具体来讲，在灾前，政府主要负责应急体制机制法制的构建，各层次应急预案的制定，并进行风险分析识别与监测预警，做好相关预防与应急准备工作。在灾中，其作用体现在灾难处置上，需要迅速反应、及时应对，以维持社会秩序，消除影响。在此阶段政府需要进行事态的分析与评估，在此基础上进行决策指挥，协调联动，组织动员各种

[①] 陈琛、李明：《全面提升总体应急管理能力路径研究——以多主体参与为视角》，《中国应急管理科学》2021 年第 8 期。

应急力量开展行动，并进行资源调配和筹备，发布相关信息。在灾后，组织灾后重建，安排相关的救济补偿，做好群众的心理调适疏导，并开展事件调查，总结经验、吸取教训，实现应急管理能力的改进提升成为其工作的重要内容。

在党的领导下，政府处于应急的行政管理层，是应急管理工作首要的责任承担者。其功能具有如下四个特点。一是统筹性，即要对应急管理进行全社会、全流程的规划设计和系统思考，在灾难应对过程中需要从全局的角度出发，进行人、财、物等各类资源的统筹调配。二是框架性，即其进行的应急管理体制机制建设是应急管理工作开展的载体和基础，应急管理的各环节要在相应的框架下运行，因而直接决定了应急管理的理念原则和实现路径。三是规则性，即政府是应急管理相关法律法规、制度规章及相应标准规范的制定者，为应急管理各项工作开展提供制度依据和行为准则，对各主体的行为进行约束和规范，具有一定的强制性。四是引导性，即党委领导下政府的应急管理理念、制度设计、机制构建等决定着应急管理的发展方向，是应急管理环境形成的重要影响因素，对整个社会系统的意识和行为发挥着引导作用。

（二）企业的协同作用

作为市场力量的代表，企业与经济发展和社会生活紧密联系，其运作模式成熟而灵活，具有较高的组织程度和规范性，体现着市场机制经济、效率的原则和优势，因而在应急管理过程中能够发挥独特的作用，对行政法律方式进行有效补充。一方面，企业的作用体现在党委政府政策的落实上。在灾前，企业的作用主要体现为进行本单位的安全管理，即按要求做好风险防控，建立安全生产规程机制，执行相关制度标准，提升员工的安全意识。在灾中，主要是响应党和政府号召和指挥进行应急物资的生产配送，提供力所能及的人财物支援，按要求报送或发布相关信息，承担社会责任，协助政府做好处置应对工作。在灾后，企业是恢复重建的重要主体，应按要求做好灾后重建和生产恢复,进行投资生产或提供相应服务,并不断改进本企业的安全管理工作,保证生产安全。作为社会生产和经济发展的单元,企业能够充分发挥其主观能动性,主要体现在三个方面。一是利用社会保险这一市场化的手段进行灾难发生前风险的社会分摊,实现灾后损失赔偿的多元化,通过经济手段提升社会安全意识。二是将科技进步的成果应用于应急管理领域,从而提升应急管理工作的科学化、技术化水平。三是发展应急管理产业,在创造经济价值的同时促进风险防控应对能力的提升,提高社会的风险防控和治理水平。由此可见,企业的应急管理作用具有三个特点。一是经济性,即其对应急管理的支持作用通过生产的方式实现,是市场经济的组成部分,以经济化、市场化的手段发挥作用。二是责任性,即企业是风险防控应对的落实者,需要落实党和政府的相关政策,做好风险防控及安全生产管理工作,承担相应的社会责任、法定义务。三是创新性,即企业与先进的科学技术和生产理念联系最为紧密,能够促进应急装备、应急手段的革新,推动应急机制的完善,提升应急管理的科学化、现代化水平。

(三) 非营利组织的参与作用

非营利组织主要是政府部门和以营利为目的的企业之外的机构,如志愿团体、社会组织、科研机构等。这些机构在一定程度上代表公众或特定群体的利益,具有明确的组织目标和成员兴趣,关心公共福祉,能够为社会提供各种形式的公共产品或服务,这与应急管理以人为本、维护公共安全的目标相一致,因而能够在应急管理中有效弥补政府职能的缺位。具体来讲,在灾前,非营利组织能够提供安全标准研究及风险评估等服务,进行志愿者的组织和培养,并通过专业培训、安全知识宣传、组织演练等方式提升公众风险意识和应对处置能力。同时,可作为公众与政府间交流互动的纽带,进行社会安全需求的双向沟通,从而有效提升应急管理工作质效。在灾中,非营利组织的作用主要体现在提供救援和医疗救护等方面,进行人财物等资源的协调调配,组织志愿服务,并发挥自身优势开展跨区域合作及国际合作。在灾后,其作用主要是提供心理疏导等社会服务,组织捐款捐物,协助做好灾区群众基本生活保障、维持社会秩序,并积极参与灾后恢复重建等。非营利组织在应急管理中的作用具有四个特点:一是公益性,非营利组织参与应急管理各项工作是为了保障公众利益,提供无偿的社会服务,是对政府职能的重要补充。二是专业性,由于非营利组织一般聚焦特定的领域,因而其所提供的社会服务具有相应的专业特点。三是自发性,非营利组织提供应急管理相关服务是出于自身的意愿而非强制,其活动经费也由其自身承担。四是联结性,非营利组织有其组织形式和相关制度,运行规范有序,其对应急管理的参与是公众与政府沟通的重要渠道,能够增强公众与政府的有效互动联系,有利于构建全社会积极参与的良好局面。

(四)公众的直接参与作用

公众是参与社会活动的最基本单元。在应急管理领域,一方面,公众是直接承灾体,即一旦灾难发生,公众是第一受害者;另一方面,公众是政府各项应急管理工作的对象和落实者,其风险防控应对能力是社会系统总体应急管理能力的重要组成部分,并影响着应急管理工作格局和政府政策制定。具体来讲,在灾前,公众作用主要体现在强化风险防控和防灾减灾意识上,掌握各类灾害的应对技能,如准备应急包等,做好防灾及应对准备。在灾中,公众要进行个人防护和自救,开展互帮互救,并提供相关信息和支持,积极有序参与志愿活动。在灾后,公众可通过捐款捐物、参加志愿活动、参与灾后恢复重建等途径发挥作用,并积极参与应急培训及宣传,不断提升个人防灾抗灾能力。公众在应急管理中的作用具有三个特点:一是基础性,即公众是应急活动开展的最基本单元,一切应急工作的出发点和落脚点在公众,其风险防控应对能力的提高是社会总体应急管理能力提升的基础。二是分散性,即公众在应急管理活动中从其个人角度出发作出决策并采取行动，因而在方向、力度等方面具有分散性的特点。三是直接性，即公众是灾难发生后的第一反应人和处置者，其应对能力对于下一步的处置工作具有重要影响，是政府应急管理体制机制构建需要考虑的重要因素。

第三节　防范化解重大安全风险协同治理主体结构现状

在实践中，防范化解重大安全风险协同治理主体结构究竟如何，取得了哪些成效，其基本情况是什么，都需要进行深入分析和阐述，才能帮助我们提高准确把握防范化解重大安全风险协同治理主体结构的认知。

一、防范化解重大安全风险协同治理主体建设取得的成效

2019年11月，习近平总书记在主持十九届中央政治局第十九次集体学习时强调，应急管理是国家治理体系和治理能力的重要组成部分，承担防范化解重大安全风险、及时应对处置各类灾害事故的重要职责，担负保护人民群众生命财产安全和维护社会稳定的重要使命。在大力推进我国应急管理体系现代化进程中，以"一案三制"为核心的应急管理模式逐渐完善，各级政府的主导作用越来越强化，市场、社会组织和公众的参与层次性更强，以合作、协同、互动为主要方式的多主体的治理体系结构化趋势明显，网络治理结构逐渐完善。特别是自新冠疫情发生以来，具有中国特色的应急管理制度优势充分发挥，市场、社会组织和社会公众广泛参与的格局基本形成，军地应急资源和力量协同保障体系更加完善，公共安全隐患和预防控制体系建设不断健全，风险协同治理理念深入人心，重大安全风险防

范能力显著提升，主体建设的成效显著。

（一）风险治理理念更深入

党的十八大以来，以习近平同志为核心的党中央提出了新时代风险治理的一系列重要论述，坚持统筹发展和安全的重大创新理论，强调要正确处理好发展和安全之间的关系，为我国实现高质量发展和高水平公共安全提供了理论指导。当前和今后一个时期是我国各类矛盾和风险易发期，各种可以预见和难以预见的风险因素明显增多。我们必须增强机遇意识和风险意识，树立底线思维，把困难估计得更充分一些，把风险思考得更深入一些，注重堵漏洞、强弱项，下好先手棋、打好主动仗，有效防范化解各类风险挑战，确保社会主义现代化建设事业顺利推进。中央和地方各级政府要坚持统筹发展和安全，坚持人民至上，积极谋划，主动准备，时刻保持高度警惕，做好重要领域、重点行业、重要地区的风险排查工作，积极防范和化解重大安全风险，层层压实安全责任，健全风险防控机制，坚持风险治理"一盘棋"，加强大数据、云计算等新技术在风险治理领域的运用，以制度协同、资源协同为抓手，加快实现风险协同治理体系现代化。

在重大安全风险领域，守住安全底线抓防控。结合安全生产专项整治行动，全面排查高层建筑特别是集中搬迁安置区的火灾隐患，健全危化品、矿山、工贸等重点行业领域"吹哨人"制度，积极配合重点领域整顿行业监管问题，加强安全监管。要坚持系统观念抓防控，充分发挥安委办统筹协调作用，用系统观念和系统措施解决影响安全生产的源头性问题，严格标准规范、严格安全准入，把安全发展理念落实到规划建设全过程，从源头上消除事故隐患，从根本上解决问题。特别是对危化品生产运输、城镇燃气、农村道路交通等影响群众安全的突出问题，联合相关部门切实加强安全源头管理。严格落实地方行政首长负责制、有关部门管理责任和林场主体责任、林管员巡护责任，督促严管农事、祭祀、民俗用火，开展野外火源治理，加大对重点国有林区、自然保护区、草原区域的关键区域巡查，推动重点地区完善隔离带、防火道等设施建设。加强现场指挥,科学组织行动,细化实化预案、力量、装备,确保扑火人员安全。加大风险教育,对地方政府、应急管理部门、社会组织、基层干部等开展各种类型的风险教育,牢固树立风险意识,提升风险应对能力。对重点企业要压实责任,加大安全考核力度,提升企业安全风险防范能力。通过安全学习平台、现场教育、模拟教育、网络教育等多种宣传教育方式,加大对基层民众的风险知识教育,提高民众在国家安全风险、金融安全风险、自然灾害风险、事故安全风险方面的防范和参与意识。

(二)风险协同治理体系更完善

通过应急管理部门牵头进行协同的应急管理模式逐渐形成,以各级地方政府为轴的风险系统治理体系逐渐完善。① 2018年2月,《中共中央关于深化党和国家机构改革的决定》提出,要加强、优化、统筹国家应急能力建设,构建统一领导、权责一致、权威高效的国家应急能力体系。自我国应急管理机构改革实施以来,应急管理部门逐渐整合了原来分散在各个主管部门的职能,明确对自然灾害风险和事故灾难风险的统筹主管责任,承担对公共卫生风险、社会安全风险以及其他风险的协同应对职责,推动形成统一指挥、专常兼备、反应灵敏、上下联动、平战结合的中国特色应急管理体制。尤其是在重大安全风险防范过程中,体现出一定的优势,发挥出统筹作用和专业性,能够有效统筹应急力量、物资资源、专业技术等,加强风险信息共享和资源整合,在一定程度上打破了职能、信息上的部门壁垒,响应更加迅速,实现了综合减灾,提高了风险防范能力。

新的应急管理体制经过多年的运行和探索,党委领导、政府负责、社会协同、公民参与、法治保障的风险协同治理体系逐渐建立,协同治理框

---

① 钟开斌:《中国应急管理机构的演进与发展:基于协调视角的观察》,《公共管理与政策论》2018年第7期。

架逐渐系统化。特别是在新冠疫情应对中，充分发挥信息协同、决策协同、行动协同、监测预警的重要作用，为打赢疫情防控阻击战提供了坚实基础。通过机构改革和职能整合，中央政府、地方政府、基层政府、乡镇街道等纵向协同治理线条逐渐理顺，以属地政府为主导，相邻政府协同联动的风险应对体系逐渐完善，"一方有难、八方支援"的应急响应体系更加高效完善。各类社会组织通过共青团、防灾减灾中心、应急管理部门、民政部门、行业协会、民间组织等渠道逐步参与到风险治理体系中，特别是基层社区、村委会等组织，充分发挥其灵活性作用，在风险排查、风险预警、信息搜集、信息上报、风险控制等方面发挥了重要的作用。此外，社会公众的公民意识逐渐增强，通过各种自发的形式参与各种风险的处置工作，在风险预警与风险应对方面，逐渐发挥出重要的协同作用。充分激发和引导多元主体共同参与社会风险治理的内生活力和主动性、积极性，通过行政协调、市场机制和自组织等形式，在政府、社会组织和公众之间建立各种层次的协作关系，构成多中心协同治理机制，逐步完善风险协同治理格局，展现资源集中、重点突出、功能有效的整体治理优势。[①]

（三）风险治理协同机制更健全

防范化解重大风险的协同治理机制是涵盖中央与地方、平时与战时、官方与社会、政府与民众的各种不同协同机制的。通过统筹设计、系统发展和制度保障，建立地方政府风险防控协同机制，健全救援准入机制，加大与其他主体的信息协同机制建设，不断完善治理主体监督激励机制，加快法律制度保障，加快进行风险协同治理机制建设。

完善救援准入机制。在激励多元主体积极参与危机治理的基础上，需要建立完备的监督和问责机制，形成长期有效的危机治理主体权责调适机制。权力和责任是相辅相成的，要求各个危机治理参与主体实现权责统一，

---

① 宋宪萍：《当前我国城市社会风险的多元协同治理》，《甘肃社会科学》2021年第4期。

达到合理使用自身资源实现危机治理的目的。

信息联动机制更加灵活。公共危机协同治理的目的是实现政府、市场、社会等主体之间协同配合和信息高效整合。公共危机信息"碎片化"导致无法及时、有序地进行危机应对处置等问题。首先，要建立以科技为支撑的城市应急联动平台。运用先进的计算机技术和信息管理系统，将公安、应急、城管等相关公共部门，以及企业、非营利组织等非政府部门纳入应急联动平台，构建一个强大的信息应急联动平台。其次，通过应急联动平台，将政府部门、企业和社会公众在危机协同治理中的优势相互补充，形成政府主导、企业灾情传递、社区居民积极参与、非营利组织力量补充和媒体舆论导向相互作用的危机救援力量。政府通过信息平台将信息收集整合，向企业和社会公众实时发布救援过程，压缩谣言的生存空间，降低政府的风险管理成本，保证整个救援过程在政府的主导下合理、有序地进行。

（四）风险协同治理能力大幅提升

随着国际国内形势复杂多变，我们面临的重大风险不断叠加，风险形势越发严峻，在防范化解重大安全风险过程中统筹发展和安全，成为各级党委、政府和领导干部必须担负起的政治职责。[①] 一是加强统筹、积极推进应急管理改革，基本形成中国特色应急管理体系。应急管理部整合了11个部门的13项职能，包括5个国家议事协调机构，涉及2支部队近20万武警官兵转制。其间，还组建国家矿山安全监察局，加强了危化品监管机构和力量建设，深化应急管理综合行政执法改革和消防执法改革，完善防汛抗旱、森林草原防灭火等体制机制，探索构建了一套全新的应急管理工作体系。二是发挥综合统筹优势，不断提升国家综合应急能力水平。一方面，充分发挥统筹协调作用和综合优势，牵头建立健全风险研判、信息共享、

---

① 钟开斌：《在防范化解重大风险中统筹发展和安全》，《中国减灾》2021年第9期。

协同处置、恢复重建等全过程跨部门联动机制，防、抗、救一体化工作合力明显增强。另一方面，积极推动实施自然灾害防治重点工程，建成部、省、市、县四级贯通的应急指挥信息网等系统，对危化品类重大危险源、煤矿等实行全面联网监测，灾害事故风险监测预警能力不断提高，自上而下的应急指挥体系基本建立，全灾种、大应急综合救援能力明显提升。三是时刻保持应急状态，有力有序有效应对重大灾害事故。应急管理全系统全年365天、每天24小时应急值守，50多万名干部职工和消防救援指战员时刻保持应急状态，从灾情速报、力量预置、物资储备、装备优化等方面强化应急准备，随时应对各类突如其来的灾害事故。应急管理部组建以来，派出数百个工作组深入一线，有效应对处置了一系列重特大灾害事故。四是标本兼治破解难题，持续夯实应急管理发展基础。组织实施全国安全生产专项整治三年行动计划，对9个重点行业领域开展专项整治，提升安全水平。推进应急管理法治建设，推动修订安全生产法、消防法等，推动在刑法修正案中增加危险作业罪等罪名，坚持严格规范公正文明执法。目前，我国已经初步构建起以国家综合性消防救援队伍为主力、以专业救援队伍为协同、以军队应急力量为突击、以社会力量为辅助的中国特色应急救援力量体系。

（五）主体参与更加有序有力

企业和个人作为协同治理的主体，需要与政府部门联合起来积极参与制定危机预防预警机制。首先，发挥政府在危机决策中的主导作用，我国政府应该在"一案三制"应急系统的基础上建立高效灵敏的信息监测系统，收集和分析企业、非营利组织、社区和个人所掌握的各类公共危机问题的相关信息，并及时进行风险评估，消除存在的安全隐患。其次，提高公众消防安全意识和自救互救能力，走出在预警机制建立过程中过分重视技术和系统的误区。危机意识作为危机预警的起点有待提高，应该通过开展各种危机预警安全教育和危机模拟演习，使普通民众做好应对危机的物质准备和心理准备，提高自救互救和危机应变能力。

我国颁布的《中华人民共和国突发事件应对法》中鼓励其他社会组织和公民个人捐款捐物，服从政府部门的指挥和领导，实现救援安定有序的进行。但没有对公民和各类社会组织在危机治理中的地位和作用予以充分重视，其相应的权利和义务也没有作出明确的安排，阻碍了企业组织和社会公众参与危机治理的积极性。首先，完善法律法规，强调非政府主体的救援准入机制。我国需要在原有法律的基础上界定明晰参与主体的权力和责任，引入危机治理准入机制和退出机制，确定非政府主体参与危机治理的合法地位。同时借用制度化和规范化的手段防止主体之间互相推诿、扯皮和利益不正当竞争。其次，政府需要采用利益平衡手段满足多方的利益需求。对各参与主体进行相应的引导、协调和扶持，强调主体之间的互动激励，充分调动各方参与的积极性，营造宽松的相互信任和合作氛围。比如，放宽非营利组织的准入机制，提供物质帮助；为营利组织提供免税政策和经济补偿，国家项目优先竞标、提升社会美誉度；为公民（特别是志愿者）提供必要的社会保障、扶助、救济，实施社会褒奖等。

二、防范化解重大安全风险协同治理主体结构的基本情况

协同治理是在多元主体之间的结构塑造基础上产生的一种整体治理效应，是多元组织体系中各主体有机共生行为的共同目标结果。实现协同治理的主体并不是所有主体的简单组合或者线性相加，而是多目标、多层级、多环节的有效耦合，以实现不同主体间信息、资源的交流互动，达到决策行动的有机契合，不断明确协同程序或者规则，形成稳定的、扁平化的、灵活机动的、开放包容的风险治理网络结构，达成整体系统效应。因此，防范化解重大安全风险协同治理的主体结构分析，主要从主体要素、资源结构、治理规则和行动程序四个方面进行阐述。

（一）风险协同治理主体要素

在治理机制框架中，政府组织是核心主体和中心节点，居于全面统筹协调的主导地位，在理顺各级政府组织之间关系的基础上，整合市场以及社会的力量，通过各个网络节点纵向协同与横向协同的相互支撑，形成多元主体协同治理的制度化规范体系与自组织化的治理网络格局，在城市风险治理中发挥制度供给和政策指导的作用，以目标聚合及资源配置，以及共同的价值理念和利益诉求将城市风险治理的各个主体有效整合起来，通过政治性约束和功能性激励的有效结合来实现政府和企业、社会公众之间的巧妙平衡，形成一个上下贯通、内外协调、互联互通、紧密有致的合作体系，最终发挥城市风险治理的社会整体合力。但是，随着重大安全风险外延的扩大，加上各类风险特性更加依赖复杂性风险治理，由政府单一进行全面管理的方法遭遇困境。因此，需要企业、社会组织的适当运用和社会公众的实质性参与。企业和社会公众作为增强公共安全水平、维持经济社会稳定发展的重要主体，在风险治理框架中占有重要地位。市场组织主要在投资激励、计算理性、风险补偿方面发挥资源配置作用，社会公众的实质性参与主要是在民主协商、网络治理方面发挥积极作用。企业、社会公众之间的相互合作、相互沟通，共同促进了整个风险治理的网络治理格局。

（二）风险协同治理资源结构

党委、政府通过行政资源、制度供给和法律监管，对其他主体进行引导和协调，因此在协作关系和资源结构上占有主体地位，成为治理枢纽的中心节点。政府体系作为政治科层体系结构，在权力资源及其运用上具有优势，其合法性和权威性能够有效集中、调配地方资源，凝聚应对力量。一方面，政府体系可以通过整合各个部门的资源，统一行动，保障各部门的职责分工，做到协调一致，形成统一指挥、分类管理、属地负责、综合协调的风险防范和应对体系，减少部门之间的协调成本，形成有力的指挥协同体系。比如，在风险预测、风险分析评估等源头治理上，政府可以通过各类技术手段整合专业力量，对各个领域的风险进行预警研判，并及时作出部署，调集资金、人员、物资以及信息等资源进行治理。在风险治理的过程中，政府体系能够快速而高效地组织应急联动体系，统筹进行大范围动员，最大限度地减少风险，提高风险治理效率。同时，政府体系要将其他主体纳入风险治理框架内，不断健全完善风险协同治理的市场化机制，以政府购买服务、招投标的方式，聘请专业管理保险公司，引导风险管理专门机构积极参与到风险管理和治理服务中来。

企业作为政府体系的有益补充，既是社会风险的来源和风险点，要承担重大事故安全风险防范的主体责任，同时也是其他领域安全风险化解的协同者，也需要承担其他系统风险的协同责任。企业拥有较多的人财物专业资源，在部分风险治理领域具有专业的技术、人才、经验和方法，具有相对优势。特别是在风险治理层次的差异性和风险难度导致的风险控制上，政府体系通过将部分治理权限和权力让渡，提高企业自我风险管理的自主性、主动性，并引导企业介入以化解政府体系的部分压力，鼓励企业运用市场机制在风险预防、风险消减、风险沟通、风险共担等方面发挥应有的积极作用。

非营利组织和社会公众，如社区、社会组织、公众、媒体等在风险协同治理网络中是重要的网络节点，在资源结构中处于比较弱势地位，但又是治理网络中不可缺少的微观结构单元。重大安全风险协同治理的精细化程度与社会组织、公众的主动参与密切相关，需要社会组织和公众共同参与和共担风险，以提高风险承受体的韧性，他们是风险治理的基层资源机构。

（三）构建风险协同治理规则

风险协同治理是在党委领导下实现政府主导、社会协同、公众参与的有机统一体，形成多元协同治理格局。在协同治理中，多个主体既相互协调又相互补充，遵循一定的治理规则进行运作和行动。政府通过制定相关主体的行为规范，构建多元协同的空间，为企业、社会组织和公众参与提供行动保障。通过制定法律法规、制度规章，强化各个风险承灾体的底线思维，加强对企业主体的指导和协调，明确各个主体的权责，制定各个主体互动、协调、参与的行为规范，并进行监督和管理，建立和疏导协同参与渠道，为各个主体的参与提供保障和激励，明确各主体风险防范、风险应对、风险控制、风险沟通的规则。

企业、社会组织和公众根据治理规则，树立主体意识、参与意识，在进行自我风险防范的同时适当承担社会责任。其中，企业作为市场的主体，在市场空间内充分利用市场规则，参与各类安全风险的预防预测、风险应对以及风险决策工作，积极承担社会责任，以弥补行政资源运行中的不足。而且企业可以通过市场机制进行互动的方式，不断将其嵌入协同治理体系中，以平衡和协调公共利益、市场利益和社会利益，达到与政府主体、社会公众的良性互动，进一步提升市场主体的风险承受能力。社会组织的内部结构灵活，深入风险结构体的最末端，数量众多，反应灵敏，机动快速，但是在协同行动中容易出现无序、重复等问题。因此，需要通过不断模拟演练、主动参与、自我发展等方式，在政府确定的治理空间内，不断优化自我管理能力，提高与政府的互信和合作，进一步拓展自我行动空间。

（四）风险协同治理的行动程序

多元主体在风险协同治理的行动中，需要明确协同平台、表达路径和参与渠道。[①] 从 2003 年的"非典"到 2008 年汶川特大地震灾害，企业、社会组织和公众的风险治理协同行动制度在逐步完善当中。通过十多年的发展，在其他主体进入重大安全风险协同治理体系中，相关行动规范、行为

---

① 韩伊静：《多元主体参与地方综合减灾的协同治理机制研究》，《哈尔滨学院学报》2017 年第 38 期。

准则、运行监督机制等方面仍在继续完善中。必须借鉴社会治理领域的成功经验,立足于统筹安全与发展的目标,不断探索企业、社会组织、公众等主体参与风险治理的新思路,建立健全社会参与风险治理的渠道,完善主体培育与激励机制。同时,通过试点推广与制度完善的方式,逐步建立以政府为主导、市场有序参与、社会公众积极互动的协同运作程序,进一步扩展主体参与的制度空间,引导地方政府让渡风险治理权限,不断增加不同主体之间的互动,提升主体的协同意识、参与意识、行动自主性,推动风险协同治理共同体建设。

在风险协同治理中,各个主体的行动程序既要符合自身组织的程序,同时也要重视在整体系统中的协同程序。协同程序是根据主体的功能和协同角色进行分配和运作的行为指南,如风险评估与预警程序、风险沟通与风险信息发布程序、安全风险排查与源头治理、重大安全事故调查程序、志愿组织登记参与的要求和参与程序、企业社会责任报告编撰、公众参与志愿者服务登记等,体现出程序明确、协同有效、科学合理的特点。

第四节 防范化解重大安全风险协同治理主体建设存在的问题及原因分析

防范化解重大安全风险是实现国家治理体系和治理能力现代化的根本要求。虽然在各级政府和全社会的努力下,防范化解重大安全风险协同治理主体建设取得了一些成绩,但同时也存在不少问题,针对这些问题及其原因进行分析,将更加有利于增强参与协同治理的主体建设。本节研究分析认为,在风险协同治理过程中,主体建设存在着主体协同意识缺乏、主体协同目标不一致、主体协同关系脆弱等问题。从实践来看,政府部门之间的协同协作与外部协同、公众协同、市场协同的关系仍然是松散的,非常态化、结构化程度明显不够。存在以上问题的根本原因，主要有参与主体的发展建设不平衡、主体培育机制不健全、主体监管机制不完善和社会组织自主性不高几个方面。

一、防范化解重大安全风险协同治理主体建设存在的主要问题

在不同的语境下，治理主体建设存在于不同的层面。有效防范化解重大安全风险，确保中国式现代化事业顺利推进，是实现国家治理体系和治理能力现代化的根本要求。应急管理作为国家治理体系的重要部分，在新时期，承担着重大安全风险排查和预防治理、推动化解风险关口前移、强化风险防控管理的重要职责。但是，从近年来的应急管理实践来看，在风险协同治理方面，主体建设存在着以下几个问题。

（一）主体协同意识缺乏

从近年来我国政府防范化解重大风险的实践来看，治理主体逐渐从政府单一应对模式转向多元协同模式，从重应急处置逐渐转向风险治理与应急处置并重，综合式风险管理模式基本形成。[1] 随着公共危机风险的加剧和日趋复杂，政府和相关部门在实践中面对越来越大的责任压力，逐渐意识到"全能政府"模式下的应对失灵，产生"能力危机"和"信任危机"。张智新、孙严以北京"11·18"火灾为例，提出广泛引入非政府部门的力量，实现公共危机协同治理，是风险协同处置的关键。[2] 通过对该事件发生后协同治理主体的分析，明确协同主体之间缺乏共识成为当前多元主体协同治理中的首要问题。这会导致部门之间信息资源协调难，部门之间形不成合

---

[1] 薛澜、沈华：《五大转变：新时期应急管理体系建设的理念更新》，《行政管理改革》2021年第7期。
[2] 张智新、孙严：《公共危机中多元主体协同治理机制探究——以北京市"11·18"火灾为例》，《行政管理改革》2019年第4期。

力，企业缺乏联动意识、社会公众缺少安全意识和制度保障。由此可见，在公共风险治理中，各协同主体在应对中常见的问题就是协同意识缺乏的问题。

（二）主体协同目标不一致

通过应急管理体制改革，应急管理职能职责不断优化，从应对单一灾种向综合应急应对转化。机构改革后，内部职能职责转换、整合和调整效果不明显，特别是在基层政府，风险防范责任大，但是资源调集的权限少，统一领导与分级负责之间存在矛盾，应急处置下沉更难。此外，风险应对主管部门将责任落实到各部门，重大安全风险的应对又离不开其他部门的参与和配合，于是部门之间的协调更加重要。在政府科层体系下，风险演化的无边界化与部门应对职责的条块化之间存在明显矛盾，各自为政，导致综合性风险管理部门与其他部门之间的协调难度增大。在紧急情况下，部门之间的协同目标不明确，人为错误、组织结构的风险不断呈现，反而会引发新的系统性风险。

市场组织作为市场力量，其主要目标是追求经济效益最大化，考虑生产经营过程中的成本与收益比的问题。作为风险主体，企业出于对自身利益的追求，避开投入高、效益不明显的风险预防工作，缺乏先进的风险意识和管理理念，可能存在安全管理主体责任落实不到位、风险防范措施失效、风险管理系统建设不足等问题，与政府部门的风险治理目标存在显著差距。而且企业在承担社会责任、协同进行重大安全风险治理时，资源整合能力不高，其协同能力受到较大限制。

社会组织和公众作为风险协同治理的基础性力量，组织结构松散，力量薄弱而且资源不足，缺乏风险防范专业知识，在风险识别、风险分析和风险信息共享上存在一定的局限性，安全意识和风险应对技能较弱，甚至可能成为公共安全风险的直接"受灾者"。而且在"全能型"政府的风险管理模式下，社会组织和公众主动参与意识不强，风险响应和协同参与的能力不足，更多的是进行小块化或在网格结构中参与，难以快速找到自身的位置和角色职责并在整个风险防范化解过程中与其他主体形成合力。

(三) 主体协同关系脆弱

作为风险治理现代化的重要方向，风险协同治理是指政府部门、企业、社会组织、媒体、公众等在风险管理的不同阶段，发挥自身优势，依靠彼此的信任、团结和协作关系，实现对重大安全风险的协作治理，尽量降低和减少风险的冲击，不断完善风险治理体系。习近平总书记强调，"要强化风险意识，常观大势、常思大局，科学预见形势发展走势和隐藏其中的风险挑战，做到未雨绸缪"①。从风险角度来看，与许多国家相比，中国面对的风险环境带有明显的复合特征，风险的来源日益多样化，风险的种类不断增加；社会的快速变迁导致了风险诱发因素大量增加。但是，以政府为中心的风险治理体系承担了应当由其他主体承担的责任和风险，反而导致企业、社会组织和公众缺乏协作意识，不敢共同承担风险，为治理主体的团结行动带来冲击。随着政府部门的"无限责任"在面临重大安全风险应对的有限能力时，其主体存在质疑、推责和抵抗，反而导致风险协同体系面临危机。

从风险协同治理结构来看，政府部门、企业和社会组织、公众之间的协作关系要通过多种形式沟通，并且开展共同的学习、交流、培训、演练等活动才能形成常态化的协同关系。但是，从实践来看，政府部门之间的协同协作与外部协同、公众协同、市场协同的关系仍然是松散的，非常态化、结构化程度不够，在非常态化风险情形下，共责共担的协同关系显得较为薄弱。

二、防范化解重大安全风险协同治理主体建设存在问题的原因分析

针对前面分析的在防范化解重大安全风险协同治理主体建设中存在的

---

① 《习近平谈治国理政》第3卷，外文出版社2020年版，第223页。

主体协同意识缺乏、主体协同目标不一致、主体协同关系脆弱这三个方面的问题，深入剖析其背后的原因，具体有以下四个方面。

(一) 主体发展建设不平衡

多元主体在治理进程中形成的共识是多元主体协同治理现代化的基本前提。[①] 在风险协同治理的情景下，需要地方政府转变治理主体角色，统筹谋划风险管理工作，建立多层次、多主体的协同治理机制，提高风险治理能力。这并不意味着政府部门完全主导风险治理工作，强调对所有事务和资源的掌控。而是需要通过构建适应当前风险环境系统的治理结构，提高对市场主体和社会组织的监管能力，加大对公众参与的激励和吸引力。通过对行政权力运用的制度设计和收放，调整各主体间的关系，形成紧密而清晰的协同治理关系。但是，过去政府风险治理中已经形成路径依赖，在治理资源和能力上具有体制优势，难以突破"本位意识"，反而进一步压缩了其他主体的发展空间。

此外，从我国风险协同主体的发展来看，总量严重不足，社会组织培育不足，难以适应风险社会的需求。特别是在基层，社区、农村的各类社会主体在资金投入、人员素质、激励机制建设上存在严重不足，发展较为缓慢，力量不足，组织涣散，参与协同治理的积极性也不高，呈现出强政府、弱市场、弱社会的特征。而且市场、社会组织和公众参与风险治理的规模总体不大，占比不高，在功能发挥和专业化程度上参差不齐，城乡之间发展不均衡的现象尤其明显，在风险脆弱性高的地区反而建设比较滞后。

我国一直以来社会资本相对缺乏，公民、社区等参与水平较低，较低水平的参与又进一步导致我国多样化制度安排往往失败。例如，在湖北省实地调研中发现，一些县市社会参与的能力薄弱，虽然地方设立了义工联合慈善机构，但这些机构自身人力资源、资金资源有限，除了在社会宣传

---

① 于江、魏崇辉：《多元主体协同治理：国家治理现代化之逻辑理路》，《求实》2015年第4期。

教育活动中发布传单之外，没有开展其他与社会联系密切的活动。并且社会组织缺乏基层政府的合理引导，无法有效发挥社会减灾、备灾、救援的作用。此外，在一些公民个人参与灾害救援行动中，由于这些群体缺乏救援知识和经验，反而阻碍了正式救援力量的施救进程。社会资本的薄弱也成为阻碍多元主体协同机制形成的消极力量。

（二）主体培育机制不健全

我国在主体培育发展方面，尚未形成规范有效的政策扶持机制，严重制约着社会多元治理主体的有效培育和健康发展。一是在鼓励、支持和维护社会治理主体培育的具体实践中，缺乏规范性和操作性强的法律法规以及政策制度。如在政府与市场、社会的运行关系上，缺乏法律法规或制度层面的权责边际界定，导致政府自觉或不自觉地挤压其他社会主体发展的生存空间。作为自组织的社区组织，大部分成为政府的具体办事机构，甚至人事安排也带"官方色彩"，弱化甚至丧失了其反映公众诉求、维护群众合法权益、监督政府行为的社会功能，也没有真正起到政府与社会沟通的纽带和桥梁的作用，不仅导致社会主体的健康成长遭到严重制约，而且极不利于政府治理和社会自我调节功能的实现，以及居民自治良性互动局面的形成。二是缺乏扶持社会多元主体发展的财政与金融政策制度，导致社会组织、社区等得不到国家这方面的优惠政策。三是政府转移职能缺乏行动规划和具体措施。当前，政府部门简政放权、转移职能没有总体规划和分段实施计划，也未主动向商会、行业协会等社会组织转移行业管理方面的有关职能。如一些自上而下建立的专业协会，承担着部分行政管理职能，除了工作经费来自企业会费外，其性质类似于主管部门职能机构。四是政府购买服务机制尚未建立。除了以支付人员经费形式购买劳动就业、社会保障、居家养老服务外，还缺乏项目购买目录、项目成果评价与经费支付办法等操作办法，购买服务的经费总支出亦未纳入财政预算，造成社会组织在获取资金与资源、承接政府职能等方面承受了巨大压力。此外，由于政府现行法规政策的限制，大量社会组织存在"非法化"问题，缺乏活力、筹资困难，社会组织的发展缺乏公平、公开、法治的可持续发展环境。五是社会公众参与机制不健全，参与渠道不畅通，参与形式较为单一，缺乏在政府主导下的、有利于各类社会主体参与城乡社会公共事务治理的渠道和网络，以及相应的机制和制度建设，导致社会治理问题变得越来越复杂，各类社会问题疏导和化解的难度也越来越大。

（三）主体监管机制不完善

在风险协同治理结构中，各个主体有其运行的规则，并在不断协同中形成系统协同的规则，指导并规范各个主体的行动。但是，目前对于各个主体在风险协同治理中的监管机制不完善。一方面，作为风险治理责任主体的政府部门，担任着指导、协同和监管的"多重角色"，但是对于协同治理职责的考核量化较难，制度建设尚不完善，难以纳入政府部门的目标考核体系中。另一方面，在风险协同治理中，政府部门身兼数职，未建立起社会评价和监督机制，在工作指导、监管工作中精力和能力不足，缺乏沟通互动，难以真正实现对企业和社会组织的监管，出现监管漏洞。

在防范化解重大安全风险的治理体系中，作为主管部门的应急管理部门基层力量薄弱依然没有改善，特别是在县级应急管理部门中，常常出现职责并入，但是人、财、物未能纳入的情况，相关法律法规依然不健全，社会群防群治协同的机制还未完全建立，都会对重大安全风险的监管产生不利影响。

（四）市场和社会组织自主性不高

作为我国经济社会发展中的效率型主体，无论是国有企业还是非公有制企业，在企业责任承担、企业精神宣扬、企业诚信建设等方面与政府要求有差距，与社会公众的期望相距甚远。近几年来，企业垄断行为、不诚信行为、违法行为频发，特别是食品安全事故、药品安全事故、生态环境污染、重大安全风险事件频发，再加上行业组织弱小，激励机制不完善，担心监管、问责等，甚至采用瞒报、欺骗等方式避责，反而导致政府和公众对其的信任度降低，进一步限制其协同参与的主动性。

经过国家大力培育和建设，我国基层党组织、社区组织发展迅速，在风险应对特别是疫情防控中发挥了重要的战斗堡垒作用。但是，其他非营利组织还处于发展的初级阶段，规模较小，动员能力不强，社会认同度较低，还缺乏社会公信力，无论是其规模还是能力都难以有效承接政府转移的职能。不少社会组织的发展主要依赖政府扶持、个人资源，内部规章制度不健全，其章程并未成为实际工作的依据；有些虽建立了规章制度，但执行不到位，内部管理松散；有些组织未实施信息通报、理事会或会员大会（会员代表大会）等民主决策机制，缺乏监督和自律机制；有的违规使用票据和经费，财务报告流于形式，审计不严格、透明度不高。从外部环境来看，社会组织、社区组织以及居委会、村委会等自组织所需工作经费只能依靠政府拨款，自身筹资困难，发展资金匮乏，无论是日常决策还是内部运行机制、激励机制、监督机制等方面，都带有明显的行政化倾向，缺乏自主性和应有活力。同时，由于社会组织收入水平低，福利待遇低，多数没有社会保险，再加上社会组织工作人员在职称评定、医疗和养老保险等方面缺乏相应的法律保障和配套措施，使得社会组织难以留住人才，不少行业协会人才流失严重，参与风险协同治理的能力不强。

第五节 防范化解重大安全风险协同治理主体培育机制对策

防范化解重大安全风险协同治理主体培育机制，包括建立主体建设政策扶持机制、主体结构动态优化机制、主体建设治理机制，同时加大主体治理能力建设，从加大财政投入、加强人才队伍建设、落实党政领导责任、建立联动工作机制、严格管理并优化服务等方面，解决源头风险管控不到位的难题，提高安全设防水平和企业本质安全水平，运用科技信息化手段提高监管执法效率。

一、建立主体建设政策扶持机制

各级党委、政府应高度重视社会组织的建设与发展，真正将社会组织视为社会自我调节和实现公众组织化的重要载体，视为社会主体自我服务、自我管理的重要组织形式，树立与社会组织平等、互信、合作的观念，进而创新管理方式，引导社会组织发挥积极作用并处理好社会组织发展过程中的一系列重要问题。针对当前存在的社会组织管理散、乱、弱的状况，应成立由地方党政分管领导牵头、各职能部门具体参与的社会组织管理的领导机构，统筹领导力量，统筹政策制定、工作协调和任务落实，并将社会组织发展纳入本地整体发展战略规划体系和综合发展评价体系，对本地社会组织的培育、发展和管理工作作出全面部署，明确工作方向和重点。首先，应强化社会组织登记监管部门和执法队伍建设。尤其应成立专业执法队伍，形成相对独立、统一协调、力量匹配的社会组织登记管理机关。同时，加强社会组织党工委建设，实现党的组织和工作"两个全覆盖"，增强党对社会组织的影响力。其次，要健全落实向社会赋权制度。对政府还权于市场、还权于社会、还权于公民，应在政策制度或法律法规层面作出明确规定，强化社会权利导向，防止政府行为越位、错位和缺位，依法保护企业、社会组织、公众等其他社会主体的合法权利，为社会治理主体多元发展提供良好的政策制度环境和法制环境。

二、建立主体结构动态优化机制

首先，要推进常态机制与应急机制的协同。在新冠疫情应对前期，普遍的反应是应急秩序混乱,这也是临时成立指挥部以应对疫情的缺点,因为公共卫生事件应对实际需要高规格的常态应急管理机构协调。建立常态化的平时机制与突发的应急机制的协同,就是要整合发挥常态化机构平时的作用,同时确保突发应急事件来临时能够迅速转化,起到保障作用。比如,政府常态的物资采购平台同时具有应急物资采购的特殊功能,就可以在物资信息保障的前提下,在应急需要时迅速转化功能,保障应急物资的供应。就是将风险防范化解机制与应急处置机制协同,找准解决的问题,提前做好准备,形成应急处置能力,进而将无法防范和化解的风险与应急处置机制协同,保证认知风险和处置风险结合,从而使应急准备有的放矢,保障突发事件发生时不打无准备之仗,使突发事件得以高效处置。

其次,要充分发挥市场的作用。从新冠疫情防控中可以看出,医疗物资生产、试剂盒研发、物资运输、生活用品生产和供应等都需要千千万万的企业来完成。在重大疫情防控中既要发挥政府的管控职能,也要发挥市场的资源配置职能。通过市场化的方式解决监测设备、防护物资、生活物资、技术支持等方面的问题。这就需要在公共卫生突发事件应急管理预案中充分考虑各类人、财和物资的调配问题,要从市场中调配的,需要提前做好衔接,甚至可以以定点单位方式形成衔接机制。另外,在公共卫生应急管理中,也要注重对市场的监管,尤其是防止出现哄抬物价和假冒伪劣等问题。

三、完善主体建设治理机制

完善主体建设治理机制主要从转变重大安全风险的协同治理理念出发,实现三个方面的转变,在参与主体建设的协同治理方面,采取更加有效的"联席会议机制+开环的协调委员会+功能模块化"协同运作机制。

(一)转变治理理念

治理理念是健全治理体系和提升治理能力的前瞻性指导原则。完整的现代化的治理体系应该体现风险治理、责任治理、义务治理、智慧治理理念。新冠疫情暴露了我国公共卫生应急管理体系中存在的很多问题，其中治理理念本身就存在问题。当前，我国公共卫生应急管理体系的治理理念需要实现三个方面的转变。

第一，将应急管理转向社会风险治理。我们处在一个风险社会中，对风险社会的治理应该采用主动治理、动态治理和系统治理"三位一体"的治理战略。传统的应急管理是被动式的治理方式，对于地震、火灾、水灾等需要事后应急处置的突发事件是适用的，但是对于重大疫情等具有覆盖面广、影响力大和持续性强的突发事件则必须采取主动治理、动态治理和系统治理的思路来健全治理体系。

第二，将轻预警重救治的治理理念转向预防为主和防治结合的治理理念。对于重大疫情等公共卫生突发事件，必须非常重视监测和预警机制及网络的建设，突出预防为主的底线思维。重大疫情的发生一般都具有前兆，需要加强国内外异常病例监测，重点做好预警预报工作。同时，也要加强救治能力建设，必须按照预防为主和防治结合的治理理念补齐治理体系短板。

第三，将简单系统治理理念转向复杂系统治理理念。在现代风险社会中，线性的简单治理理念已经不再适应经济社会发展需要，需要树立网络化的复杂系统治理理念，注重多个子系统之间的协同治理。对于公共卫生应急管理，需要注重监测和预警系统与临床系统、应急反应系统、应急保障系统、社区防控系统等多个子系统进行协同治理，同时需要注重国内国际沟通，统筹协调好疫情防控和经济社会发展之间的矛盾等。因为突发公共卫生事件具有突发性、隐蔽性、不特定群体性、危害性大、影响面广等特点，从传染病学和防疫学的角度讲，早期的监测和预警是重点，后面的救治是必然措施。加强预警监测体系建设需要修改重大疫情直报系统规则，实现技术上操作的便捷性，建立信息直报奖励机制，鼓励一线医务工作者直接将可疑信息通过系统上报给国家疾控中心等相关机构。同时也可以通过网络技术和大数据技术,重点监测网络出现的异常情况。通过这种"双备份"的监测系统,达到网络化、系统化和精准化监测的目的。另外,在全球化时代,一个地区或国家发现疫情很快就会输入其他国家,因此必须有专门的机构加强对境外疫情信息的监测和研究,及时发布预警信息。同时,在国家卫健委和国家疾控中心的指导下,各地需要扎实建立具有科学性和可操作性的重大疫情应急预案,做到有备无患,不断完善重大疫情信息的强制性披露制度。

(二)形成"联席会议机制+开环的协调委员会+功能模块化"应急管理反应机制

2018年3月,我国成立了应急管理部,但是主要负责火灾、水旱灾害、地震灾害和生产安全事故等的应急管理,而公共卫生应急管理则由国家卫健委负责。从新冠疫情的应急管理来看,面对重大疫情时仅靠国家卫健委、中国疾控中心和地方政府的指挥和调度是不够的,需要形成"联席会议机制+开环的协调委员会+功能模块化"应急管理反应机制。建立国家层面的公共卫生应急联席会议机制,即设立国家公共卫生应急管理委员会,作为日常和应对公共卫生突发事件的最高应急管理指挥机构,可由国务院主要领导任委员会主任,其下设公共卫生应急管理办公室,负责日常性的监测、预警、信息发布和协调管理等工作。省、市、县也需要设置地方级别的公共卫生应急管理委员会,下设负责日常事务的应急管理办公室。中央对地方实现垂直管理,市、县可以将重要的公共卫生疫情信息同时直报国家和省级公共卫生应急管理委员会。在应对公共卫生突发事件时,需要在国家层面设立协调委员会,由涉及公共卫生应急管理的主要部委参与并组成,平时各部门独立运行,重大疫情等发生时在国家公共卫生应急管理委员会指挥下形成协调机制,负责统筹安排和调集各种资源。省、市和县级地方政府可以参照并组建地方性的协调委员会。协调委员会中除了医疗救治单位、疾控中心、交通运输、公安、科技、民政等部门外,特别需要加入军队的医疗和联勤保障部门,以及应急管理部门。

建立功能模块化的应急机制。应急管理机制既要实行常态化运作,保障疫情等的监测、预警和小规模应急管理,又要具有弹性,能够迅速应对重大疫情。所谓功能模块化的应急机制就是事先制定科学的应急管理预案,并形成功能模块化的机制,重点将监测预警机制、医疗救治、医疗设备和物资保障、科学研究、社会管控、信息沟通和国际合作等功能模块化,平时这些功能模块在各自单位独立运行,公共卫生应急事件发生后这个功能模块迅速集结,形成强大的应急管理体系。这样就既可以降低运行成本,又可以集成强大的应急管理能力。功能模块化的应急机制的有效运行需要科学的应急预案和各个功能单元的有效配合。这需要平时加强演练,确保功能模块化机制运转有效。

四、加大主体治理能力建设

要加大风险治理的财政投入。一是中央政府和地方政府要逐渐加强对各类基础设施和服务体系的财政投入力度。二是要加大风险治理人才队伍建设,重点是培养一批风险治理和应急响应专业人才队伍。

落实党委+政府的双岗领导责任。落实党政领导责任要具体细化,推动地方各级制定党政领导干部安全生产职责清单和年度工作清单,把履责情况纳入述职考核、巡视巡查之内,把安全生产纳入高质量发展评价体系。落实行业监管责任要具体明晰,对模糊地带要按照中央精神、法律法规并结合本地实际提出解决办法,对职责交叉、联系紧密的领域和环节"共进一步"。

建立联动工作机制,防止事前事中出现监管盲区、事后甩锅推责。落实企业主体责任要激发内生动力,既要严格管理又要优化服务,特别是在疫情防控和影响企业安全生产不稳定不确定因素明显增多的形势下,要创新方法手段,对重点企业"一企一策"指导服务,确保管到关键处。解决源头风险管控不到位的难题。要坚持统筹发展和安全,把防范化解重大安全风险的要求贯穿经济社会发展全过程各方面,切实管住源头。要强化安全准入,推动建立安全联合审批制度,涉及高危行业领域的国土规划、产业布局、项目审批等要严格审批,防止把关不严埋下新隐患,尤其是中西部地区要严防已淘汰的高风险产能异地转移、风险转嫁。

提高安全设防水平,要在具体化上下功夫,找出具体设防点,运用法治的、行政的和市场的手段,引导推进升级改造。要在标准规范上下功夫,系统梳理和完善不适应安全发展的基础设施建设标准,研究完善重点行业领域标准,完善重要设备设计标准,提高企业本质安全水平。

在科技信息化手段运用上要有新突破,建立全国统一的应急管理监管执法信息平台,不定期开展网络巡查执法,加快建设安全生产执法数据库。深入推进安全生产专项整治三年行动。专项整治不能等同于一般化的安全大检查,要着眼于"两个根本",运用系统观念,防控重大风险,破解基础性、源头性、制度性等突出问题,加快突破爬坡过坎期和瓶颈制约期。

第四章

防范化解重大安全风险协同治理运行机制

本章主要对防范化解重大安全风险协同治理运行机制进行分析。首先，从运行动力、政策、模式等方面对当前运行机制的现状进行分析。其次，指出运行机制构建中存在的问题，包括体制机制障碍、政府行为惯性、协同主体缺陷、社会资本发育不良与公共精神缺失、保障资源不足以及应对行动失序等。再次，分析防范化解重大安全风险协同治理运行机制的构建维度，主要包括建立一主多元机制、完善有序协作机制、建立利益平衡机制、建立平等合作机制、完善资源保障机制、完善行动协同机制等。最后，提出运行机制的优化路径，主要包括培育优质社会资本参与、优化社会治权结构配置、重塑协同治理主体行为、建立协同资源整合机制、着力推进政社良性合作等。

第一节 防范化解重大安全风险协同治理运行机制现状

党的十八大以来，各个领域的风险问题受到了党和国家的高度重视，

2014年国家总体安全观第一次被提出。2019年，习近平总书记在省部级主要领导干部坚持底线思维着力防范化解重大风险专题研讨班的重要讲话中，对防范化解政治、经济、科技等领域的重大风险提出了明确要求，并进行了具体指导。这些顶层设计为重大安全风险协同治理指明了方向，协同治理的实践也在迅速推进。影响协同治理机制运行的因素有很多，本节仅对"动力-政策-模式"模型的主要影响因素进行分析。

一、防范化解重大安全风险协同治理运行动力现状分析

协同治理的动力机制可以从两个维度进行分析，这些动力形式对不同的参与主体发挥着大小不一的作用。

（一）协同动力的来源

从协同动力的来源看，可分为内部动力和外部动力两种力量。

内部动力指的是拥有制度和规则制定权的政府，在安全风险治理的基本策略上向协同治理转向，以图重建治理秩序、提高治理效能。这种动力来自政府自身，它促使政府打破封闭的管理模式，通过实现社会开放事务、融合多方治理力量等途径获得更好的治理效果，同时也符合现代治理的行政伦理的要求。

在安全风险的治理领域，风险的复杂化、破坏的严重性、治理效果与预期的差距，形成对现行体制、机制、模式的负反馈，使得政府部门承受高压，从而激发其对风险管理、治理中的诸多问题进行改革，其中至关重要的是对组织形式的改革，由单一的责任主体向多元的社会参与和协同责任转化。

外部动力指的是政府部门外的社会组织等主体，参与风险治理与政府和其他社会组织协同行动的驱动力。从社会力量的视角看，首先是随着时代的发展，个体和组织的合法权益在不同的领域、渠道中逐步得到确认。

另外，风险问题本身具有较强的社会性、公共性特点，因此是在扩大参与过程中，风险治理成为了社会力量重点聚焦关注的领域之一。由于市场力量、工商业组织在风险治理中的作用有限，因此，社会力量必然会向政策的制定者靠近，对其施加影响，甚至施行监管，以确保有利的政策导向。同时，使其自身蕴藏的力量得以发挥作用。

（二）协同动力的作用类型

从协同动力的作用类型来看，可以分为利益驱动、传导驱动和氛围驱动。

利益驱动是指参与主体在安全风险治理中，以可能获得的收益作为其参与的动力。从本质上讲，安全风险治理是符合参与主体的利益的，但是也存在着短期和长远、局部和全局的矛盾。一方面，通过提高主体的认知能力，使其能够以长期、全局的利益为重，作出理智的选择。另一方面，通过利益调节机制，在短期与长远、局部与全局之间进行利益的再分配，调和或缓解它们之间的组织对立，从而使利益驱动更为明确，对利益的认识更加一致。

传导驱动是指在组织体系中，由自上而下的责任传导机制形成的驱动力，这也是当前最有效的参与动力。在实践中，尽管在基层许多政府并不能真正理解有关协同政策的重要意义，甚至认为会造成额外工作负担、提高工作难度，但是在制度和责任驱使下，也会努力开展协同治理工作，并发挥层层向下继续传导的作用。

氛围驱动是指社会氛围对协同治理的正向推动。社会氛围的形成既有个体心理的因素，也有社会心理的因素，对安全风险治理而言，日趋复杂严重的安全风险对个体和组织在心理上会形成持续影响，这些影响使社会主体倾向于通过合作来增强应对能力。另外，逐渐浓厚的社会氛围也会对协作的保守倾向产生影响，从而使社会主体由心理到行动向积极参与协作转变。

二、防范化解重大安全风险协同治理运行政策现状分析

安全风险协同治理的相关政策是在国家现代化治理体系和治理能力建设的政策框架下逐渐丰富和健全起来的，近十多年来的风险协同治理推进中，国家和省级地方的政策主要围绕以下几个方面。

（一）推动政府部门间、政府和社会间的信息共享

信息共享是协同的基础，中央和省级政府均制定了相关的政策。如2017年四川省出台了《四川省政务信息资源共享管理实施细则（暂行）》，规定多部门要根据业务协同的需要，在食品药品安全、安全生产、社区治理、生态环保、应急维稳等领域，汇集主题信息资源，并尽可能向社会开放。在这个指导思想下，各领域也相继制定了信息共享办法，如《四川省地理信息交换共享管理办法》特别要求"县级以上测绘地理信息行政主管部门应当建立突发事件应急处置地理信息保障机制，并制定相关应急预案，根据需要及时组织提供空间基准与高精度导航定位、航空航天遥感影像、地理信息数据等服务"，为应急管理的协同提供了信息支撑。2018年，国务院出台了《关于推进社会公益事业建设领域政府信息公开的意见》，其中特别要求对灾害事故救援领域中的突发事件相关信息，包括处置救援、灾害救助、捐赠款物等进行准确、及时、动态的公开。

（二）扶持社会组织发展，促进社会组织参与公共服务

2016年，中共中央办公厅、国务院办公厅印发的《关于改革社会组织管理制度促进社会组织健康有序发展的意见》，是近年来促进社会组织发展方面最系统全面的指导性文件，对当前发展社会组织的指导思想、基本原则以及总体目标、政策措施等重要问题进行了阐述，对社会组织的发展有重要意义。社会组织得以在整体上壮大发展，并在不同层级和行业、专业

方面呈现出不同的发展重点和特点。如2017年环境保护部、民政部联合印发了《关于加强对环保社会组织引导发展和规范管理的指导意见》，对致力于环保事业的社会组织的发展加以引导。同年，民政部还出台了《关于大力培育发展社区社会组织的意见》，凸显了基层社会组织的重要性。

政府购买是扶持社会组织发展的重要方式。2016年，财政部、民政部联合出台了《关于通过政府购买服务支持社会组织培育发展的指导意见》，为社会组织的发展提供了需求驱动和资金保障，为突破社会组织的发展瓶颈注入了动力。一些地方政府还设立了社会发展专项资金，并出台了相应的管理政策，支持社会组织的发展。

同时，在公共领域加大了推动社会参与的力度。如2015年，四川省出台《关于在公共服务领域推广政府与社会资本合作模式的实施意见》，科学界定政府与社会资本合作项目边界，在重点项目领域激发社会资本的参与。如在城市建设、防灾减灾、公共卫生、污染防治等高安全风险领域，制定了一系列的政策，拓宽融资渠道，引导社会资本投入和社会参与。

（三）构建协同行动机制，提供协同治理支撑

为形成安全风险协同治理的局面，中央和地方政府制定了多方面的政策。2016年，《中共中央 国务院关于推进防灾减灾救灾体制机制改革的意见》《中共中央 国务院关于推进安全生产领域改革发展的意见》的出台，在不同的领域对政府部门的责任，包括协同责任提出了要求，同时也将健全社会化服务体系、发挥市场机制的推动作用作为推进的重要目标。同时，在应急管理中具有准政策性和准法规性的应急预案，也越来越注重协同行动。从中央到地方，从总体预案到专项预案，大多对应对突发事件的相关主体如何开展协同行动作了原则性的规定，这反映了非常态下对行动协同机制的需求。还有一些政策对协同治理起到了制度保障的作用，如2014年四川省政府颁布的《四川省人民政府部门绩效管理办法》将协同配合作为省政府部门服务质量考核的重要方面，将应急管理作为评估政府部门行政效能的重要方面。

三、防范化解重大安全风险协同治理运行模式现状分析

由于安全风险治理的种类多,涉及范围广,与其他社会生产、生活活动之间的嵌入非常紧密,因此,其运行模式也因风险种类、行业、地域等情况各不相同,比较典型的有以下四种模式。

(一)跨部门、跨层级的府际协同

跨部门协同主要是指政府部门间、不同行政层级间形成的府际协同关系,它是在安全风险治理中最早被作为协同目标提出的,也是当前协同治理的最常用形式。通常部门、层级之间通过信息的共享、业务的衔接保持协作关系,并通过设立临时议事协调机构来协商治理工作中的重大事项。基于政府在协同治理中的主导地位,跨部门、跨层级的协同也是最具有实质内容和稳固形式的协同方式。府际协同的基础是政府部门之间、上下级之间权责的合理分配,同时这种协同也具有对既定权责产生机动调适的功能。

(二)基于综合风险的协同

基于综合风险的协同强调风险之间的复杂联系,由于风险构成要素之间存在耦合性,导致风险的演化往往呈现非线性的趋势。如果人为将风险治理分割为缺乏联系的板块,则必然会出现顾此失彼、风险无法有效治理的结果。近年来,防灾减灾救灾指导思想的"三个转变"中,"由单一灾种向综合减灾转变"也体现了对综合风险协同治理的要求。在这种协同模式下,需要对治理对象存在的多种风险的性质、风险之间的关联、演化的规律进行系统的分析和管理。基于综合风险的协同实际上也拓宽了风险治理主体的范围,在共建共治共享的原则下,各治理主体以此为依据配置资源,承担治理责任,享有治理成果。

(三) 基于风险链的协同

风险链主要有两种类型：一种是风险之间存在衍生和次生关系，形成时间上和空间上的相互链接；另一种是由于特定的风险源具有移动性，随着风险源的流转而构成风险链。基于风险链的协同的特点在于注重以风险链为线索，在相关主体之间建立协同。比如在危险化学品领域的风险治理，从产业布局、规划等源头治理开始，到危化品全生命周期监管，涵盖设备设施设计，原材料采购，产品制造、运输、流通、仓储等环节，以及设备的安装、运行保障、维护报废等各个阶段，涉及规划、设计、生产企业、物流仓储等。2020年，四川省委办公厅、省政府办公厅联合印发了《四川省全面加强危险化学品安全生产工作实施方案》，要求"实施全主体、全品种、全链条安全监管"。基于风险链的协同主要解决的是对风险链关键节点的完全覆盖，避免出现治理漏洞。

(四) 跨区域的协同

由于不同的传统行政区域之间关联性不断增强，对跨区域的安全风险协同有迫切的需求，跨区域的协同模式由此产生。行政区域之间的关联性源于两方面，一方面是随着社会发展以及政策的推动，一些区域之间的经济、文化联系更加紧密，安全风险也随之交织在一起，各区域从资源和能力共享出发建立了协同治理，其目的是促使区域能够共同取得更好的治理效益。如包括成渝地区双城都市圈在内的四大都市圈，都在跨区域协同方面取得进展。另一方面则源于某些风险本身跨行政边界的属性，如水资源、大气、油气输送管道等，它们的安全风险治理的跨区域要求比较突出。跨区域的安全风险治理协同的关键在于抓住区域协同需求的主要矛盾，打破区域间行政壁垒，通过利益平衡、责权平衡保证区域间协同的可持续性。

第二节 防范化解重大安全风险协同治理运行机制构建中存在的问题

重大安全风险治理成为重大的专项工作，与社会发展、国际国内环境的变化、社会转型有着直接的关系。一方面新的风险问题不断出现，另一方面人民群众对于安全的期待增强，对风险的关注度提高。这些新的问题对风险治理提出了要求，协同从某种意义上是对既定条块规制的应变，因此机制的创新必然会面临各种障碍和阻力，本节就重大安全风险协同治理运行机制构建中的主要障碍作探讨。

一、体制机制障碍：政府、社会、市场三者不统一

从我国防范化解重大安全风险的实践历程来看，基于政治形态、经济发展水平等原因，在很长一段时间，重大安全风险的主要形式是自然灾害，如地震、地质灾害、洪水、台风等，会产生巨大的破坏，严重威胁人民的生命财产安全。

（一）单一的举国体制导致的"政府失灵"

在传统社会，经济发展水平低，社会构成单一，由此形成了体制机制的惯性。即使在今天，国家以外的力量依然只能承担较为有限的应对自然灾害的责任。国家具有的动员和统合力量在应对突发巨灾中发挥了巨大作用，也在制度层面彰显了显著的优势。但是，单一的举国体制也产生了一些弊端。首先是形成了国家和政府大包大揽的观念惯性，在这种观念的指导下，忽视社会、市场和个体的作用。在体制和机制的安排方面，很少为

市场和社会的参与作出适当的制度安排,不能有效统筹政府、社会、市场的力量使三者形成合力。随着近年来风险形势的复杂化,各种新型、非传统的风险问题明显增多,在这种情况下,传统的风险防范和化解体制机制的弊端逐渐凸显。一方面,国家和各级政府的负担沉重,需要以适当分流提高防范化解危机的效能。另一方面,传统体制的封闭性仍然较为顽固,表现为在与其他主体建立协同关系方面缺乏主动,甚至排斥;自身活动的运转也倾向于对外屏蔽信息,"灰箱"操作,不引入外部的参与、监督。而这又为风险治理的资源滥用、浪费、贪腐提供了条件,导致严重的社会后果。

(二) 社会力量参与机制短缺

政府职能的转变,为社会力量参与社会治理创造了大环境,也取得了显著的成绩,但在不同层面的风险防范与化解事务中,社会力量的参与仍显不足。从体制上看,长期以来社会力量在我国的政治生活和治理实践中都处于较低的位势,因此在体制设计中没有为社会力量设置适当权责空间。即使是在一些辅助性的社会事务中,由于社会力量与政府部门之间存在巨大落差,也使得协作难以在平等的基础上开展。

(三) 市场介入机制不健全

在防范化解重大安全风险的各个领域中,各相关主体之间存在着基本的共识,但客观上也存在着不同的利益诉求。从长远来看,用行政命令等方式来动员社会主体更适用于突发事件爆发后的应对阶段,实际上风险防范和化解的重心是在常态下的防控。因此,市场应该是联通各类主体的重要途径和有效机制。但目前市场发挥的作用还比较微弱。在技术上,还没有针对防范化解风险这个较为特殊的领域构建出市场机制。因为防范化解重大安全风险相关的业务一般具有明显的公益性质,运用市场手段容易产生道义上的压力,在伦理上也存在一定的困境。这些问题都有待加以引导。

二、政府行为惯性:"错位""越位""缺位"

习近平总书记多次强调各级政府该管的事一定要管好、管到位,该放的权一定要放足、放到位,坚决克服政府职能错位、越位、缺位现象。这既是对政府依法行政的要求,也是对政府履行职责的要求。在防范化解重大安全风险中,各级政府承担着重要职责,发挥着主导作用。但是在旧的行政体制下形成的惯性的作用下,在面对新的现实问题缺乏科学有效解决办法的困境下,政府部门在定位上容易出现偏差。

(一)政府角色的错位

协同治理的一个重要基础在于协同各方发挥好各自的作用,实质上首先要有明确的分工,然后才能有合作,进一步才能实现协同。但是,在防范化解重大安全风险的问题上,政府往往不能保持准确的角色定位,再加上安全风险问题具有隐蔽性、衍生性、突发性、破坏性等诸多非常规特性,使得政府部门在面临这些问题的时候,容易陷入"组织焦虑"。有时为了达到既定目标,既当裁判员又当运动员。本该由市场、第三方承担的任务,政府亲自下场,这样的做法,即使是达到了目标,其意义也十分有限,甚至是消极的。因为从长远来看,这种方式与现代化治理的原则背道而驰。还有一种较为典型的情况是政府在化解一些矛盾和危机时,把"不出事"作为处置的最高信条,急于平息事态,把本属于医患之间、开发商与购房者之间的纠纷,可以由当事人通过法律途径解决的问题,变成了政府与群众之间的矛盾。甚至把生产安全风险、自然灾害风险等演变成为社会风险、政治风险。从协同的角度来分析,政府如果不能准确、稳定地把握自身的角色,将使协同治理难以形成稳定持续的模式。

(二)政府行为的越位

政府行为越位最主要的表现是对法定职责的僭越和对法定事务的非法

干预。从协同治理的角度来看，法律和制度是保证协同能够持续化、常态化最有效的方式，它使协同参与各方对协同运行有确定的预期，从而不断促进自身协同力的提高。但是政府作为最有行动和控制能力的主体，在惯性的驱使下，容易忽视相关法律和制度的约束，采取不适当的行政措施，不仅会带来消极的行政后果，也会对协同关系的构建产生不利的影响。

（三）政府职责的缺位

在政府职能转型中，防范和化解重大安全风险的职责应该得到强化，这是政府职能转型的基本要求，但是在意识的差距、局部利益和短期利益驱使等客观因素的影响下，风险防范化解中出现政府职责缺位的现象并不少见。粗略地分析，政府职责缺位有三个主要原因：一是指导思想存在问题，特别是在发展与安全的关系问题上不能正确把握，为了追求短期的利益而放松对底线的坚守。比如一些地方政府为了招商引资、追求GDP的增长，而对一些企业的前置要求"放水"，对他们的违规行为睁一只眼闭一只眼，从而埋下重大的安全隐患，最终酿成大祸。二是懒政，对一些疑难问题不作为。比如在一些跨区域的问题上，需要政府牵头，推进多方共同加强管理，但由于政府职责的缺位，这些问题可能长期得不到根治，进而累积成严重的问题。三是能力不足，面对日益复杂、严重的风险形势，能力建设跟不上，又不能在机制上有所创新，挖掘和发挥非政府主体的力量，其结果就是凸显了政府部门的能力短缺，管不好、管不到位。

三、协同主体缺陷：社会和市场的力量偏弱

"政府-市场-社会"治理结构潜在地决定了应急管理的结构。[①] 这个结

---

① 成协中、陈刻勤：《应急救援组织社会化、市场化的完善路径》，《中国应急管理科学》2020年第6期。

构中,三者的力量应当保持相对均衡,否则就无法形成稳定的结构。一方面,在推进现代化治理中,政府职能转变要为市场和社会力量参与开辟渠道,创造空间。另一方面,市场和社会力量也要抓住机遇,顺势而为,取得发展,与"政府-市场-社会"的结构相适配。相较此目标而言,市场和社会力量还有较大的成长空间。

(一)社会化的协同主体的能力建设不足

在政府主导下,多元参与安全风险治理逐渐成为共识,目前,风险防范化解涉及的各子领域大多有社会力量不同程度地参与。但是总体而言,这些社会化的协同主体还处于起步阶段。以应急救援为例,应急救援是风险防范化解的核心领域之一,也是社会力量参与较早的领域,经过几年的发展,初步形成了综合性队伍、专业化队伍和社会救援力量协同共存的格局。我们可以看到社会力量参与能力还存在不小差距。首先,社会救援队伍专业性欠缺,组织协调性较低。以四川省为例,四川省的社会化应急救援队伍是在汶川地震以后才真正开始成长的,队伍规模增长较快,但质量参差不齐,普遍救援能力相对偏低,缺少专业装备,只能承担轻量级的救援任务,或是负责一些救援的后勤保障工作。其次,成长性不强,许多社会救援力量由于缺乏资金支持,缺少专业培训,很少参加应急演练。因此,尽管经过了一些应急救援的实践历练,但是成长性不容乐观。无论是规模还是专业能力都停滞不前,也有不少社会救援队"昙花一现"。最后,社会救援队伍在管理上一般都比较薄弱,内部稳定性较低。在外部与政府、社会的对接不紧密,信息获取不畅通,使得其参与应急救援工作时的效率较低,得不到认可,形成恶性循环。更有少数组织存在着错误的意识和不良的动机,损坏了社会力量参与救援的整体形象。

(二)市场的作用发挥还不充分

尽管安全风险治理具有较强的公共属性,但是,由于它涉及的范围广泛，需要的资源多，结构复杂，因此不能完全依靠政府。借助统一开放、公平竞争的市场体系，能够进一步地引导社会资本的关注，从而激活全社会的创造力和活力。当前，市场发挥作用不充分主要体现在以下两个方面。

1. 市场各要素资源的市场化配置能力不强

无论是土地、人力、资本等传统要素，还是技术、数据等新的要素资源，其市场化配置的机制设计中对防范化解安全风险考虑不充分，导致市场对应要素资源的应急配置能力低。特别是在发生疫情等大范围的紧急情况的状况下，应急物资的生产调配和管理就会暴露出很多问题，如紧急调拨、采购等制度不健全，新技术的应用程度较低。总体而言，市场对风险应急领域要素资源的调节作用比较弱。

2. 市场化、社会化服务的种类少、质量低

防范化解重大安全风险的各个环节、各个周期，都有大量的工作值得去深入开展。随着政府职能转变改革的推进，加大以市场化、社会化的方式开展风险防范、应急处置、灾后重建等工作的力度也是现代化治理的重要内容。现在市场化、社会化服务种类还比较单一，专业化服务的水平比较低。需要引导培育，探索需求、技术、人力等资源在政府、市场、社会之间的转化模式，提高市场化、社会化服务水平。

四、社会资本发育不良与公共精神缺失

公共精神可以理解为社会成员在公共生活中对人们共同生活及其行为的准则和规范的主观认可并体现于客观行动上的遵守、执行。[1] 其核心价值包括政治平等的观念、参与和责任担当意识、社会成员间的信任

---

[1] 袁祖社：《"公共精神"：培育当代民族精神的核心理论维度》，《北京师范大学学报（社会科学版）》2006年第1期。

与宽容的态度，以及团结与协作的意愿等。公共精神是一种认知性的社会资本，良好的公共精神是社会治理中不可或缺的要件，所以，可以从社会资本的研究视角来分析公共参与精神的缺失问题，其具体表现在以下几个方面。

（一）建立社会信任困难

从我国的现代化进程来看，大规模的城镇化意味着我国由"熟人社会"变为"陌生人社会"。传统的社会信任在这样的背景下逐渐失去建立的基础，需要建立一种新的社会信任。但是由于社会资本的短缺，社会信任的建立显得并不容易，首先是人与人之间信任的建立缺乏所需的氛围，进而组织与组织之间保持距离。在特定的社会背景下，公民与政府之间的信任关系也受到破坏，合作的积极性受到了抑制。防范和化解重大安全风险，不仅要在重大突发事件发生时全社会能够同仇敌忾、万众一心，在常态生活中，也需要有充足的社会信任的支撑，才能构建起系统的全社会参与的防范和化解重大风险的机制。

（二）共同认可的社会规范缺失

在现代社会中，法治和规范是整合不同社会利益主体的基本途径，所谓公共精神要成为包罗更多类型的社会成员所共同遵从的准则，首先是要有能得到共同认可的准则，即社会共识。在这个基础上，还需要有不同层面的社会规范来体现这些社会共识。反过来看，社会共识的形成过程也是各种社会规范被建构和认同、施行的过程。由于社会资本蕴含了平等的横向社会网络的价值，因此社会资本越发达的社会，越容易形成法治和规范。反之，在社会资本贫乏的社会形态中，则容易出现对规范的否定。这包含三个层面：一是法治观念的淡薄，不遵从既有的法规制度；二是阻碍法治规范的形成和完善；三是不容易形成共同体遵从的非正式的规范。没有规范约束的社会行为本身就是潜在的风险，同时，没有规范的保障和牵引，协同治理也难以切实开展，更难见成效。

（三）社会组织不活跃

社会组织在安全风险治理方面有着独特的作用。对个体来讲，它是民众参与安全风险的重要形式和通道；对政府和社会而言，它是承接社会职能的重要载体。社会资本主张横向网络，鼓励公民个体积极与他人和组织合作，形成合力。但是传统社会所认同的血缘、宗族等组织形式实际上是一种纵向的结构，在这种观念的惯性影响下以及比较薄弱的社会信任环境中，社会组织的发展比较缓慢。组织者不活跃，社会组织的参加者也不积极。此外，社会组织的发展还存在地区不平衡、专业能力不强等短板。而且无论是社会组织还是社会组织的成员，其公共精神的培育也还需要加强，才能在风险治理中勇于承担使命。

（四）公民参与防范化解重大安全风险的意识偏低

公民参与是公共精神的集中体现，在社会资本发育不良的情况下，公民的参与不可能达到理想的水平。理性的、寻求自我利益的个人不会采取行动以实现他们共同的或集团的利益。重大安全风险在很多人看来是公共问题，对其的防范化解是政府的责任，与个人相关性不大。由于渠道、机制、规范等因素的制约，部分行动起来的公民并没有顺利达成预期的诉求，这也降低了他们参与的动力。

总之，社会资本发育不良与公共精神缺失可能导致两种不利的局面。一是在消极被动的意识主导下，公民与政府形不成互动，多元治理的格局难以形成，政府职能难以顺利转型，面对复杂的风险局面，如果政府不能有效地遏制风险，解决不好这些重大问题，终会加深社会矛盾。二是部分民众不能在有效的组织或渠道中参与，转而依赖非正式、非组织的参与形式，甚至倾向激进，加剧了群体性事件发生的风险。

五、保障资源不足：要素保障协同机制不科学

劳动力、资金、能源、燃料、通信等要素在紧急状态和恢复期间具有重要的意义，因此要素保障能力也是安全风险治理中必不可少的支柱。新冠疫情对各地的要素保障工作都是一场严峻的考验，使其暴露出了一些问题，主要有以下几个方面。

（一）应急物资供应链上下游不协同

从环节上看，应急物资供应链的建设主要还是集中在储备方面，然而，应急物资的保障应当是联通物资的生产、储备、调配、转运等多个环节，重心放在储备上是一种静态的思维，无法将风险治理的需求与生产、供应水平联结在一起，所以会出现储备物资种类和数量与需求不匹配。

当然，完备的应急物资供应链并不是要对生产等环节进行完全"硬投入"，主要还是依托市场现有的生产能力，建立与风险密切关联的、高弹性的产能支持和产能储备。

（二）要素保障部门之间的不协同

从管理体制上看，要素保障部门包括发展改革、粮食物资、工业信息化、应急管理、卫生健康等部门，以及电力、石化、通信等大型企业。这些部门和企业在职责上各管一块，国家按门类予以财政支持，业务性质上也有很大差别。因此，从应急要素保障的方面进行统筹的难度比较大。由于以前对要素保障重视不够，协同保障的探索起步较晚，部门间的协同磨合期较短，各部门间信息共享深度不够，应急保障统筹所需的有效信息比较匮乏。

（三）对要素协同保障的技术支持有待加强

以新一代信息技术为代表的技术应用可以为要素协同保障提供有力的支持。现在的情况一是应急保障的专门化信息系统的建设还不够普及，一些部门和基层政府尚未建立此类跨部门的平台，因此人力、物资、调拨、运输、能源等基础数据还需要通过人工填报；二是信息的应用还不够深入，保障平台和各部门的业务流程的嵌入不紧密，导致保障业务很难实现流程信息化，延伸应用的场景也比较少。相关的基础理论和应用有待研究和开发，同时还要加强对要素协同保障的技术支持。

六、应对行动失序：多主体行动的协同机制不完善

在多元参与的框架下，多主体的协同行动能力是防范和化解重大安全风险的核心要素，正是由于风险具有严重性、复杂性等特征，风险治理的多元参与模式产生了。基于同样的原因，必须建立完善覆盖风险治理各个周期、各个重要子系统的协同机制，多元参与模式才能发挥出实质性的作用。如果多元协同机制存在缺陷，那么风险危机和突发事件的应对就会出现行动上的失序。此处，以突发事件的应对中协同行动的失序现象来说明此问题。

（一）权责再分配引起行动失序

应急状态下的权责与常态下相比发生了变化，这些变化本来是为了建立协同，同时也是引起失序的原因，可以从纵、横两个维度观察。

1. 纵向权责的分配维度

常态下，权力系统是由上而下的服从关系，基层政府能够调动的资源相对较少。突发事件发生后，属地政府承担主体责任，但此时其能够调动

的资源和权力并不随着责任的确定而得到匹配。应急能力自上而下逐级减弱的状况依然是长期存在的,并且在应急状态下,压力型体制的特征表现得更为突出。基层政府承受的压力激增,而其与上级之间的协同可能在顺从、避责、排斥之间摇摆。

2. 横向权责的调整维度

同级别地方政府之间、政府内部各部门之间的协同在应急状态下的权责调整,容易出现以下状态:一是权责调整失据,应急状态下的权责调整主要是依据相关的法规和预案,法规只做原则性的规定,而预案的制定同质化比较严重,实用性不足。因此,在突发事件应对过程中,各地域之间、有关部门之间涉及协同部分往往没有规范的调整依据。二是价值取向偏离,将地方、部门利益置于协同责任之上。在突发事件应对过程中,地方之间、部门之间存在的竞争关系并未消失,甚至有所强化。这会导致这些责任主体或责任单元在行动中"唯上"、注重形式、掩盖缺陷,对协同不积极支持。

(二)应急联动中的协同失序

多主体联动是应对突发事件特性的必然要求,是应急能力最主要的构成之一,其难点在于必须在极短的时间内建立协同并完成相关作业,因此提高协同能力与常态中的协同准备有直接的关系。以突发事件应对为视角,可以观察到这样一些表象。

1. 应急监测与预警的协同不足

应急监测与预警仍然呈现条块分割的状态,各类应急监测系统按照各部门各系统独自建立,跨系统的监测信息共享程度不高。近年来的几次自然灾害事件都暴露出此问题,如气象部门虽然监测到了有关的天气异常或极端的情况,但是这些预警信息却没有得到其他部门的高度重视。而没有得到重视的原因,很大程度是这些监测信息比较单一,没有形成多维的相互印证，大家对灾害后果的严重性还没有意识到，因此容易被忽略。

从预警的管理来看，还没有形成比较成熟的综合风险监测和预警阶段的应对机制，在处置标准上也存在许多空白。面对多种类、复杂的风险和灾害的应急监测与预警的协同还存在很多不足。

2. 风险沟通存在疏漏

不仅应当在政府体系内部、风险相关的企业、社会组织之间做好风险沟通，还应当做好面向公众的风险沟通，这样才能够形成多元协同的认知条件。当前，风险沟通还存在以下一些问题。一是意识问题，风险管理者没有认识到风险沟通的重要性，刻意屏蔽风险信息，以保证其应对的封闭性。其后果是大幅增加了风险，产生严重的后果，并损害公信。二是技术性的原因导致风险信息的传播面和及时性受到影响，客观上影响了突发事件应对过程中的透明度。三是沟通的双向性、对等性有待提高，公众还基本停留在风险信息受众的角色，其观察、发现、意见、建议等进入风险治理视域的渠道少，及时性低，不容易得到有效的反馈，被吸纳采用的概率低。这些因素也影响了工作沟通的积极性。

3. 处置中的行动失序

应急处置周期中，先期响应的行动失序是最突出的，这是由突发公共事件的性质特征所决定的，常态决策和管理方式让位于应急状态的决策和行动方式，组织在应变中必然出现一定的失序状况，应急权力的确立和实施、资源的短缺、多主体的动员和协调，在短时间内都会形成压力。通过预案等方式，预先设置规则可以在很大程度上缓解此压力。但如果这个关键的阶段中，应对责任主体或其他应对角色没有采取正确的措施，则可能导致预先设置的有序规则被破坏。随着全面应急阶段的进入，应急权力的交接、上下级之间的指挥与统筹、专业部门与属地之间的配合协同等，都存在难度，容易产生脱节、引起混乱，出现整体小于局部之和的逆整合效应。

第三节 防范化解重大安全风险协同治理运行机制的构建维度

安全风险协同治理涉及多种不同性质的主体，政府作为协同主导力量，在其运行机制的构建方面也应当发挥主要的作用，但显然不适宜采取行政指令的方式，而是要在多方面为协同营造环境，扫清障碍，提供保障。因此，协同治理运行机制的构建需要从多维度进行分析，厘清问题，制定措施。

一、建立一主多元机制

防范和化解重大安全风险尽管是近年来才出现的议题，但它和灾害应对、危机管理、风险治理等议题有着密切的联系，区别在于观念和方法论的发展和突破。这些事务历来是国家和政府的基本职责，尤其在和平时期，是国家和政府合法性的重要立足点。所以，传统上政府都承担着应对这些非常态事件的最主要职责，特别是在我国，过去则由政府包揽了所有责任。在新的形势下，这种模式已经暴露出很多问题。"一主多元"的治理机制意味着政府在这个领域需要转变职能，在政府的主导下，充分发挥社会和市场的力量，开展安全风险治理。"一主多元"的治理机制构建的依据来源于以下几个方面。

（一）社会形态的风险化对传统的治理机制形成了前所未有的压力

德国社会学家乌尔里希·贝克早在20世纪80年代就提出了"风险社会"的概念，在之后的几十年中，随着人类社会工业化的发展，他提出的一些重要观点得到了印证。从现代社会的风险状况来看，呈现出了几个重要的特征：一是风险具有内生性，除了自然灾害等来自外部的风险，人类自身发展也会产生风险，比如工业化所具有的自反性会导致生产事故的风险不断累积。二是风险普遍泛在，风险种类越来越多，并且几乎覆盖了人类社会生产、生活的方方面面。三是风险的潜在危害性大，风险源的能级越来越高，承灾体的结构越精密就越脆弱，一旦风险失控，就可能产生极大的破坏。四是风险的复杂性，风险已经呈现出综合性、系统化，不同的风险之间存在着或明或暗的关联。可见，社会的很多方面呈现出了风险形势日益严峻的状况，压力前所未有，在这样的发展趋势下，单纯依靠政府的力量已经难以承载，有必要动员社会其他主体的力量，共同面对"风险社会"，做好风险的防范化解工作。

（二）社会共治为风险治理能力的增强提供支持

党的二十大报告提出要健全共建共治共享的社会治理制度。这也为社会治理体制和机制的发展指明了方向。其重要的驱动就是由于社会矛盾的复杂多样，在这样的形势下，政府、企业、媒体以及社会公众，在平等、自愿、有序的原则下，通过沟通、协商、合作等方式，共同参与公共问题的治理，形成社会共治的格局。

不仅仅是通常意义上的社会矛盾的化解需要多方的参与，实际上，从更宽泛的范围内来看，风险治理的要求与社会共治有明显的契合性。风险之所以需要引起重视，就在于风险的基本特征决定了风险产生的后果具有公共性，而风险产生后果之前则具有隐蔽性，不易为人们所认知和重视。社会共治则能够发起有效的沟通，从风险及其后果的角度平衡调整主体之间的利益，从而达成风险治理的共识，进而形成一致的行动。可见社会共治可以为防范和化解重大安全风险，实现善治提供资源支持、工具支持。

(三) 风险治理的特殊性要求政府必须担当主导

社会共治理论相对而言比较倾向于多元主体之间的平等合作，政府应当被视为与其他参与主体有着平等的地位，而不是超然而居的主体。这样设计的目的，是为了避免政府成为"理性经济人"，而将政府在共治中的地位适当降低。但是在风险治理中，政府必须处于主导地位，原因有四点：一是对于重大安全问题的治理，加强风险的规制仍然是十分重要的手段，而只有政府才具有实质的规制能力，因此政府的地位必然高于其他主体。二是当前大部分应急资源仍然是由政府掌握，因此，政府还必然通过资源的分配来主导防范化解安全风险。三是在多元合作中，平等协商可能以降低效率为代价，而风险治理的一些关键阶段，都对效率极其敏感，而政府相对最具权威性，政府发挥好主导作用才能使各方更容易形成协同。四是多元协同中责任落实是比较困难的问题，而层层的责任传导也是风险治理的重要策略，防范化解重大安全风险的责任必须要通过政府的权责体系加以落实，因此政府也必然在协同治理中承担主导责任。

二、完善有序协作机制

有序性是衡量协同治理水平的一个重要指征，既然协同治理是以多元主体参与为基本特征的，多元的主体其来源、利益诉求、能力等存在着必然的差异，因此，在协同治理的框架中，协作行动的有序性存在天然的、源于主体异质而产生的障碍。同时，在重大安全风险治理中，还存在诸多导致协同失序的因素，如风险的隐蔽性导致不同主体在风险认知上的巨大差异，突发事件的冲击力导致既有秩序的混乱。因此在重大安全风险的协同治理中，达成有序性的难度要大于一般意义的协同治理，同时又对有序性有着更高的期待。完善有序协作机制需要从以下几个维度着手。

（一）不同层级之间的指挥协同

在统一领导、属地负责的原则下，防范化解重大安全风险需要不同的层级协同行动。发生重特大的风险事件，在政府的体系中，上到中央政府，下到基层派出机构，多个层级的主体会不同程度地关注和介入。这种协同是以自上而下的指挥为基础的，是指挥中的协同。比如在抗震救灾中，国家或政府组建抗震救灾综合指挥机构，地方政府在中央领导下开展属地应急救灾。在社会组织体系中，国家有关部门主管审核的全国性组织与地方有关部门主管审核的区域性组织或地方性组织之间，一般也是以指挥和指导为协同基础的。当然，社会组织还须在政府有关管理部门的引导之下，开展救灾活动。在不同层级的协同中，上下级之间的权责定义是协同的基础，这也是实际工作中比较困扰的问题。因为上下级之间的权责划分往往会在高压状态下被畸变，比如在灾害救援中，容易出现的情况是，属地政府承担着应对责任，但应对指挥权却往往被上级实际掌握，因而出现权力失序的状况，引起混乱。

（二）不同部门间的职能协同

随着综合防灾、风险系统治理、整体治理的理念深入人心，防范化解重大安全风险必须依托政府的整体能力而非单个部门或少数几个部门，这已经是人们的共识。政府各部门在风险治理框架中，是以部门的职能来定位其作用的。业务性质的差别、部门间的竞争关系、协同的技术条件限制等，构成了比较复杂的因素，影响着部门间的协同效能。[①] 尽管部门间的协同是被关注得较早的问题，并且从中央到地方也在通过体制和机制改革来促进部门间的协同，但部门间的协同仍然是一个难以完美解决的问题。如应急管理部成立之后，解决了很多问题，但是以前一些需要在部门间协调

---

① 马晓东：《政府、市场与社会合作视角下的灾害协同治理研究》，《经济问题》2021年第1期。

的事情，现在变为了部门内部的协调，协调的难度仍然存在，并且由于新的业务分割，又会产生出新的协同问题，所以从某种角度来看，部门间的协同本质上还是业务的协同。而部门之间的协同通过体制上进行改革成本较高，且难以解决所有问题，因此，建立动态的机制，采取一些技术手段来促进部门间的协同，应该被视为一个更常态的协同实现的选项。

（三）政社力量的响应协同

在传统治理模式中，社会的公众参与由政府自上而下建构，公众参与也由政府计划和实施，且参与渠道非常有限，使得社会组织的自组织能力受到了限制，缺乏自治能力、自我发展能力。在政社关系的改革过程中，必然会出现社会组织参与的无序状态。因此，如何定位各种社会组织在安全风险治理中的作用，如何设计政府和社会之间的响应关系，多元主体通过何种方式将其能力发挥到防范化解重大安全风险中，如何接受政府的引导以发挥更好的功效，在承担任务时如何正确行动等，这些都是构成或促进政社力量响应协同的重要因素。最近十年以来，我国在这方面取得了不少的理论成果和实践经验，如 2021 年 7 月，河南省遭受特大暴雨灾害，社会力量在这次救灾行动中发挥了重要的作用，在某些方面取得的成绩甚至超过了综合消防队伍，而这些能力的提高，部分要归功于社会力量的协调机构和机制的日渐成熟，大大增强了社会参与的有序性。

三、建立利益平衡机制

防范化解重大安全风险的最终目的是使各种安全风险能够下降到可接受的范围，从而保障社会的稳定发展，具有明确的公益性，因此，任何参与方都不能将其作为一项营利性的事业，但如果从协同治理的健康发展的角度看，合理的成本分担和收益分配是非常必要的。成本分担和收益分配主要从以下几个方面考虑其机制。

（一）平衡社会整体利益与各主体自身利益的关系

主体的多元性决定了利益的多样性①，对社会整体利益的一致认同，并不意味着各项利益的完全一致。如社会组织要发展就必须在收支上保持平衡，以维持自身的发展。目前，社会组织的收入主要来自赞助、捐款等自筹方式，服务费占比很小。这主要是因为涉及安全的社会服务开放程度比较低，市场化受到限制。为此，一方面，社会组织承担这些工作的时候，为避免给人以"乘人之危"的印象，一般采取免费和低标准收取服务费，而这正是社会组织发展缓慢的主要原因，因此这种观念和服务模式应当逐渐改变。另一方面，政府要充当利益的调节者，在政策方面给社会组织一定的扶持，如制定服务费用的指导标准，引导提高社会对合理有偿服务的接受度。另外，政府可以对社会组织承担第三方公益性项目给予一定的支持，支持资质好、业绩好、信誉好的社会组织。

（二）平衡实现各个协同主体之间的利益

在重大安全风险协同治理中，各主体之间存在的异质性意味着其所处环境、自身能力、影响力等存在着差异，也必然会存在利益冲突，因为社会资源具有稀缺性，收益的兑现也往往不同步。发生冲突时，强势主体处于优势地位，它有能力迫使其他主体压缩自身的利益。这必然会造成协同关系的紧张，有悖于协同合作的基本宗旨。为了保障协作关系的持续性，必须建立主体之间的利益平衡机制，以"共建共享"作为基本的准则开展协同治理。这个机制的建立要尽可能通过主体间的交流、协商和沟通，崇尚合作共赢，提倡自我约束、自我节制，在彼此联系和互动中达成共识。根据各主体的具体情况，包括财务状况、在治理活动中承担的责任、治理成果可能带来的利益等，综合考虑，整体平衡，实现成本在各主体之间的合理分摊。

---

① 邵静野：《中国社会治理协同机制建设研究》，吉林大学2014年硕士学位论文。

(三) 平衡风险治理投入者与收益者之间的利益

要保持主体在安全风险协同治理中的持久动力，还需要考虑在风险治理的投入方和受益方之间的利益平衡，长期以来风险治理的投入方和受益方之间的利益错位，特别是在一些跨行政区域、特设的经济区、一些自然资源区域的风险治理中，这种现象较为突出。近年来也积累了一些经验有助于解决降低风险治理中的经济利益不平衡问题，如在生态资源风险治理方面，通过横向补偿调整经济利益平衡，在流域上下之间推行横向生态保护补偿，除了财政转移支付外，还要发挥市场机制作用，完善利益平衡机制。在一些风险治理的重大基础设施和公共服务投资项目中，以财税分享为途径，实现投入成本共担、利益共享。

四、建立平等合作机制

平等是协同治理构建的基石，以平等和合作为基本理念衍生出了协同治理的一系列机制，在这些不同的问题中，平等是这些机制的底层逻辑，并呈现出不同的外延，可以从三个层面来加以分析。

(一) 协同主体之间的地位平等

主体地位的平等是最基础的底层逻辑。它强调作为风险治理的主体之间的关系是非统治模式的，即主体之间也不是"主—客"关系，而是均为主体，平等参与、分享公共权力、共享公共利益，达到既"共治"又"共善"的良好状态；主体之间不是"领导与被领导"的关系，而是一种地位平等的网络互动关系。要以遵循"自主参与、自主抉择"[①]的

---

① 叶盛：《善治视角下三大主体间的关系探究》，《管理观察》2017年第20期。

原则参与公共事务治理。当然，主体平等实际上难以确定具体的操作标准，不能简单依据主体的规模、水平来赋予其相应的权力；相反，应当特别关注和关照在协同主体群中处于相对弱势的主体，要充分听取他们的意见和建议。

（二）协同主体权益的平等

在风险治理过程中，必然会引起各种权益的变动，权益的变动可能是因为在协同主体之间进行利益的调整和分配，也可能是治理的投入和收益而引起的变动。由于有平等性这样基本的原则，利益分配机制的建立才会有基础，它的最基本要求是按照合理性来讨论权益的分配，而不能以主体的属性为依据来讨论权益分配。需要有一套适应性强的权益平衡机制，使主体之间彼此尊重、包容甚至是妥协。能够建立共识，才是实质意义上而非形式上的平等。

值得注意的是，风险社会的特征意味着社会所关注的利益由财富向风险转变，风险协同治理中，各协同治理主体在这点上可能表现得尤为明显。例如，在一些邻避事件中，各利益相关方关注的重点并不是获取的经济利益，而是对于风险的分配，以及防范化解风险的措施。所以在建立主体权益平等机制中，要考虑到权益的多元性。

（三）协同程序和工具的平等

在建立协同机制时，需要注重在工作程序上体现平等，并采用有利于平等开展工作的机制。如平等协商机制，就是既能够体现这种平等关系，同时又能够维持和强化平等关系的治理工具。

通过平等协商机制，可以确立各个协同主体在安全风险治理中的协同关系，各协同主体通过会议等形式交流自身的诉求和解决办法，围绕防范化解重大安全风险交换意见，讨论确定其风险性质和解决方案。在具体的协同运作中，各社会治理协同主体即使是在分别履行各自的职责时，也倡导通过平等协商机制进行沟通、协调。在这个过程中，通过采用适当的工具，使得平等合作的理念得到落实。

五、完善资源保障机制

广义上防范化解重大安全风险所需的资源包括人力、资金、时间、土地、能源、通信、交通、应急物资等多种要素，狭义上防范化解重大安全风险的保障性资源指的主要是资金、交通、通信等基础设施、应急物资等资源。资源保障也是安全风险治理中必不可少的方面，资源保障机制主要解决以下一些问题。

（一）强化基础设施对风险治理的支撑能力

要把防范化解重大安全风险作为基础设施建设的一项重要考量。在规划国家和地方基础设施时，要充分考虑风险问题，要从风险防范和化解需求的角度进行谋划，一方面针对地方的特定风险种类和水平，相应地影响和调整基础设施的建设内容、质量要求等；另一方面要充分认识到一些新兴技术相关的基础设施，如5G、数据中心等，在风险治理、应急管理等领域中能够发挥重要的作用。

（二）拓宽风险治理中的资金保障

在传统的管理体制下，资金保障的主体和形式都比较单一，主要由各级政府的财政资金予以保障。在新形势下，风险治理的资金保障形式要有更多的创新和突破。国家财政依然要保持对安全风险治理的支持，包括提高财政支持投入，并严格执行相关管理制度，发挥好资金效益。同时，开拓资金来源。在协同治理理念的推动下，创新更多的协同治理模式，吸引社会资本进入，形成多元化的资金保障体系。

(三）促进应急产业与风险治理的良性互动

应急产业与风险治理有着密切的联系，应急产业是在风险治理的需求下催生发展起来的，而应急产业的发展又不断为风险治理开拓出新的领域并提供新方法。因此，完善资源保障，应该进一步理顺风险治理与应急产业之间的关系，制定发展规划，完善政府采购、财政补贴和税收减免等扶持政策，推动政、产、学、研、用等多方合作机制，使应急产业能够为防范化解重大安全风险提供充足的物资资源、技术资源。

(四）巩固应急供应链支撑能力

应急供应链是突发事件应对中的主动脉，在紧急状态下，应急供应链是否能够有效运转，极大地影响了事件的应对效果。在新形势下，应急供应链需要比以往有更大的吞吐量，供应链上的各个环节的结构也比以往更复杂、更精密，这本身也对应急供应链的鲁棒性构成了威胁。在新冠疫情和2021年的河南暴雨灾害中，应急供应链总体来说经受住了考验，但也存在不少的问题，还有待巩固和改善。

六、完善行动协同机制

协同治理的成效是通过行动来实现的，在多主体的参与下，行动本身的协同性存在一定的障碍和困难。行动的协同性高低，对风险治理的成本、效果有很大的影响，行动协同机制可以从以下三方面进行完善。

(一）与行动情景相适配的组织方式

在风险治理活动中，由于各主体具有独立性、平等性，因此，他们的行为是以自愿为原则的。在常态下，可以采取基于协商的、分散式的组织方式。在同一个层级中，依据一定的原则，各司其职，通过协商来调整行动。相对而言这是一种指导式的指挥和分散式的行动。

而在应急状态下，需要采取集中式的协同行动模式。在这种模式下，要听从统一指挥。各参与主体贯彻落实统一的决策指令，各社会主体主要责任是绝对服从。而在一些情境中，比如大范围、长时间的救灾行动中，行动的模式可能介于前面两种模式之间。一些参与主体可能有较多的自主权，可以相对独立地开展工作。总之，组织性对行动的协同性有非常大的影响。根据不同行动情景，选择相匹配的组织方式，有利于形成行动协同。

（二）以共识为基础的行动指导

各主体通过行动来实现各自不同目标和利益诉求，如果没有必要的引导和约束，那么他们的行动可能出现难以预料的失序。因此，必须把单个主体的行动置于一个大风险治理的系统中。各个主体需要有合作意识，并且清楚各自的行动边界，以及如何展开合作。这些问题如果没有正确的指导性规则，那么将产生很大的协调成本。因此，在协同治理中，必须要形成规章、制度、预案、行动指南、操作手册等指导性的文件，规范和引导各主体的行动，避免发生冲突和混乱。

行动指导必须以共识为基础，达成共识的最好方法就是共同参与制定规则。作为主导角色的政府制定基本的政策框架，各协同主体根据协同任务，特别是涉及主体间合作、协作的行动，制定多层次、多边的协同指导规则。

（三）行动过程的协同控制

在风险治理行动过程中，应当建立控制机制，以确保协同按预期实现。行动过程的控制有两种模式：一种模式是刚性的控制方式，[①] 由政府主导，

---

① 张立荣、冷向明：《协同治理与我国公共危机管理模式创新——基于协同理论的视角》，《华中师范大学学报（人文社会科学版）》2008年第2期。

在各主体之上建立有约束力的协同机制,如行动联席会议等议事机构,在这个机制中,通报工作进展,分享信息,协调资源。协商解决行动中的一些具体问题。另一种模式则把各参与主体及其承担的任务视为一个子系统,给子系统在创造性、个性目标方面更多的空间,运用协同组织的自组织性来实现治理行动的秩序性。理论上,这种方式在面对复杂风险环境以及动态变化时,具有更好的适应性,从而使得整个系统趋于有序协同。但在实践中如何运作,还需要进一步地探索。

第四节 防范化解重大安全风险协同治理运行机制的优化路径

多维度研究安全风险协同治理运行机制的构建,有助于推进安全风险协同治理全面开展,它描述的是协同治理的全景。构建系统完备的协同治理机制不可能一蹴而就,需要以长远目标为牵引,以现实需求为驱动,以当前短板为抓手,确定阶段性工作重点,形成安全风险协同治理机制系统构建的路线图。当前,安全风险协同治理应以继续培育社会资本和社会主体,在治权结构上以协同为取向进行优化等工作为重点。

一、培育优质社会资本参与

社会资本的短缺对防范化解重大安全风险构成了掣肘,必须有计划地开展社会资本的培育,可以从以下几个方面入手。

(一)培育与现代治理相适应的公共精神

公共精神是社会资本生成的源泉,首先需要对公共精神的内涵进一步明确，通过批判的继承，明确当代公共精神的内涵。公共精神主要表现为公民的参与意识、合作意识与宽容妥协等，它是社会资本产生的内在动力。

基于公共精神在当前社会的基础性作用，要利用学校教育、舆论宣传等这些重要的途径来倡导公共精神，因为自愿的倾向和兴趣只有通过教育才能形成。与此相关的还要通过教育提高公民的权利意识，权利意识是民主社会的重要特征，与现代治理的理念也是相吻合的；同样，公共精神不能单靠"习得"，需要在社会活动中，倡导社会主体追求互惠，践行民主，在实践中不断强化公共精神的培养。

（二）激发社会主体在社会资本生成和运作中的积极作用

政府、社会组织、个体以及社群等在社会参与中建立起了互动关系，个体与个体、个体与社会群体之间以及社会群体之间的互动，会对社会资本运作产生不同的作用。研究认为，个体同群体之间、群体与群体之间的互动影响相对更大，因为这两种关系更接近产生"组织力量"。发展与安全风险治理相关的社会组织，个人积极加入有特定风险主题的社会组织，不同需求的组织之间互动活跃，意味着具有专业性质的横向网络密集。而专业性的横向网络越密集，越有利于风险治理的社会资本的基础就越厚实。

政府作为一个特定主体，在社会资本的生成和运作中起关键的作用。在构建孕育社会资本的横向网络中，政府与其他社会主体的地位既平等又不平等。政府在与其他社会主体进行互动时，是社会资本链条上的一环，表现出平等、透明、负责的姿态。但政府的作用还在于，要有示范和带动的责任，要维护社会横向网络，积极创造机会，促进相关社会主体通过交流与协商的方式，增强共识，牵引社会资本发展。

（三）完善社会资本健康发展的保障机制

社会资本的生成与运作如果按照"自然"状态，它发挥作用就可能会遇到一些问题，比如参与的动力不足、合法性受到质疑，或者是在运作过程中相互挤压，使社会资本朝相反方向发展。因此，以制度化的方式为社会资本的发展提供必要保障，是社会资本持续发展的重要前提。

1. 完善支持社会资本发展的法治体系

首先，不断完善维护社会成员参与社会生活的权利的法律保障，广泛的社会参与是社会资本得以生成和积累的基本前提，总体看，公众及社会组织参与社会活动的范围在不断扩大，渠道在不断拓宽。从法律的层面对这些参与权利进行确认和促进，是最稳定和明确的形式，对鼓励社会主体积极、有序参与社会活动是一种基础性的保障。其次，社会主体大量的公共参与势必会引发一些冲突，法律对各方权益的划分、矛盾的调整，实质上就是对各社会主体行使参与权的约束，它使得社会参与能够维持整体和谐。

2. 建设有利于社会资本发展的道德环境

在社会资本的形成发展中，信任的积累起到了关键的作用，而信任之所以能够持续积累而不是偶然发生，是因为有一种体系化的强化和保障。信任本身不能依靠正式的制度化的力量来强化，而是通过在道德世界中不断积累，并且这些信用能够获得社会公认，即形成了社会信用体系。对于破坏了"信用"的主体，会受到道德的惩罚。虽然道德缺乏强制力，但是一旦形成了道德环境，实际上会对环境内的主体产生更深刻的影响。这样社会主体就能够在遵行互惠的道德原则与价值的基础之上，积极参与社会治理活动。

二、优化社会治权结构配置

治权即公共治理权力，它是由政府、社会组织、企业、公民等组成的多元主体，协同处理公共事务、提供公共服务的权力。理顺政府、市场、社会以及公民关系，优化社会治权结构，可以使防范化解重大安全风险中的权责配置更为合理。

(一)进一步深化政府体制改革,促进政府部门权责统一

一方面,通过改革进一步明确政府部门的横向和纵向的权责划分,完善"决策—执行—监督"的运行机制。新冠疫情的蔓延,与决策链过长、缺乏不同系统的监督等治权缺陷有着一定的联系,其教训非常深刻。另一方面,继续推进政府机构改革。当前,我国的许多风险问题都集中在基层,基层的安全关系到国家发展的全局。因此要深化"放管服"改革,简政放权,推行扁平化管理,资源向基层倾斜,促进基层安全风险治理工作中财权、事权的统一,权力与责任的统一。

(二)重视市场的作用,提高市场主体的治理地位

从社会治理的角度看,市场也是风险治理的重要主体,并且随着市场主体的引入,也就将市场机制引入了风险治理中,这有利于发挥市场所擅长的优化资源配置的作用,可以降低政府在风险治理方面的负担。由于风险治理的特殊性,很多人认为市场机制在这个领域是难以有所作为的。实际上,经过深入研究风险治理中的规律,是可以很好发挥市场作用的。比如,在安全生产领域推行的安全生产责任保险,就是发挥保险市场作用,促进企业安全生产管理能力的提高,推动安全生产服务社会化、市场化的范例。而在推动市场参与风险治理的进程中,政府要着眼于开放公共服务市场准入,推进公共服务的市场化、社会化。

(三)激活社会组织,赋予其更多的治理参与权责

在传统的制度条件下,社会组织作为政府的附属,在社会治理中实际上没有独立的地位和作用。随着社会的转型,只有公民权利真正被认同为社会结构的基石,社会组织才作为公民参与的载体,在政府从"全能政府"向"有限政府"转型的改革大势中,发展成为"第三种力量",与市场一起参与社会治理,形成多元格局。因此,在现阶段,政府还需要积极推进社

会组织的发展，培育社会组织的自主性和自治力，激发社会组织活力。在风险治理方面，政府要依据《关于政府向社会力量购买服务的指导意见》等政策文件，使社会组织在公共服务中获得更多的历练和成长的机会。社会组织通过发挥自身的专业优势，参与到风险治理工作中，并通过多种渠道参与到风险治理的政策制定、重大决策中，使相关社会组织的高质量参与和其发展形成良性循环。

三、重塑协同治理主体行为

风险协同治理有赖于各参与主体在社会治理的理念和实践框架下，调整权责，形成规范，在行为上真正体现平等互助、功能互补。

（一）政府行为的重塑

政府是社会治理体系中最重要的主体，有着举足轻重的地位，在新的社会治理理念下，政府的行为方式也在重塑的过程中。

1. 政府要适应社会治理"去中心化""无中心化"的模式

通过政府职能的改革、权力下放等方式，过去"中心化"的管理系统逐渐分散，形成"多中心"的权力结构，这些"中心"不再由政府独揽，而是由参与风险治理的其他主体来担当。因此，政府行为的一个变化就是要适应从"领导"到"伙伴"的变化。

2. 政府需要强化规范和引导的功能，并通过法治的方式发挥这一功能

市场和社会主体在新的社会治理思想指导下，一定会较为迅速地壮大。但是它们的缺陷也是显而易见的，能力的不足和经验的欠缺，使得他们的行为会出现不合规、不合法的情况。作为一种深刻的社会变革，也必然会产生许多新的问题，这些问题的解决方式，就是通过法律法规进行引导，而不是由政府越位进行干预。

3. 政府需要重新定义职责范围，重视与其他主体的合作

社会治理，特别是重大安全风险的治理状况越来越复杂，必须改变政府"单打独斗"的局面，这就需要政府对其核心职责有所取舍，对力不从心的或者是由于政府性质不适宜担当的职能，要适当退出，简政放权，更新职责边界，调动各方主体发挥其优势。政府的重点可放在机制的构建、协同平台的建设和维护上。

4. 进一步提高政府风险治理的履职能力和工作质量

一方面，风险的社会化治理绝不是要将政府的治理职能弱化，恰恰是通过治理的社会化使政府的履责能力得到提升，这也对政府治理水平提出了更高要求。另一方面，由政府直接负责的工作，要力求高质量推进，在工作质量和成效上起到示范作用。

（二）市场主体行为的重塑

以往市场被认为是在公共服务中必然失灵的机制，而不被纳入社会治理体系中。新的治理理念推动市场参与到社会治理活动中，市场及市场主体的行为也将被重塑。

1. 市场积极承担责任，发挥好风险治理中的资源配置作用

市场具有天然的资源配置能力，将市场引入社会治理中，使其对社会治理中的资源进行合理配置，将会有力地推动风险治理。因此市场应当充分认识到参与社会治理的重大意义，市场不仅是经济生活的主力，其活动也会涉及社会稳定和谐、国家安全发展。因此，市场主体更应当培育公共精神，担当相应的社会责任。

2. 市场主体要根据自身特点，履行好在风险治理中的职责

市场主体数量庞大，情况千差万别。从风险治理的角度看，不同的市场主体在风险治理中扮演着不同的角色，有的市场主体本身是高风险的携带者，是风险治理的对象，有的市场主体长于安全服务，是资源提供者。

不同的市场主体应当认识到自身在重大安全风险治理中的地位，需要采取不同的参与形式，或是加强自身的安全生产管理，杜绝重大安全生产事故的发生；或是提高安全服务的专业能力，积极参与安全服务市场竞争；或是在技术和产品上为风险治理、应急管理直接提供支撑。总之，市场主体不能把对利润的追求作为唯一的目标，要把自身的发展融入社会均衡、安全发展的进程中。

3. 市场主体要发挥业务创新优势，开拓合作共赢空间

创新是建立社会治理新模式不可或缺的要素和能力，市场主体的创新要素最齐，创新能力最强。市场主体依其社会属性和社会功能，在技术、产品、服务方面围绕社会治理、风险治理加大创新力度，而这种创新协同是基础，所以市场主体要与政府、社会组织等协同主体建立合作关系，这种合作同样应该超越市场合作关系。对市场主体来讲，协同关系中的政府、社会组织不是客户或消费者，而是风险治理中的合作伙伴，是以共赢为目标的治理者。而如何达成共赢，则为市场主体提供了广阔的创新空间。

（三）社会主体行为的重塑

社会协同治理并不是指"社会在社会治理体系中充当配角，而是要求社会组织在政府、市场和个人都不是最佳治理主体的领域发挥自身的独特价值"[①]。构建多元化主体的社会治理格局必须突出"社会"这一特性。

1. 充分认识社会主体的独立性，发挥能动性和主动性

社会组织作为具有非政府性质、非营利性的组织，其组织方式与社会具有较大的同构性，近年来党和国家十分重视社会组织在社会治理中的作用，重视借助社会组织的力量提高安全风险治理水平。社会组织要抓住发

---

① 李政道、陈嘉敏、任晓聪：《构建"主体多元化"的超大城市社会治理格局——基于共建共治共享理论》，《法制与社会》2021年第15期。

展机会,释放活力,认识到自身的独立地位,认识到与政府之间的平等合作关系,发挥专业优势和安全风险治理水平和工作成效。

2. 发挥好成熟社会组织的能力,培育风险治理的基础力量

经过近年来社会组织持续不断在社会治理领域的耕耘,逐渐形成了部分成熟的社会组织,他们活跃于风险治理领域,能力不断增强,专业水准得到提高,成为跨地域、跨层级的枢纽型社会组织,这些社会组织具备或部分具备了成为安全风险治理的基础性力量的能力。这些成熟的社会组织要在风险治理,特别是在防范化解重大安全风险的协同治理中发挥其规模优势、专业优势,并带动一批社会组织的发展。不仅在具体治理事务上,而且在建立社会信任方面也能起到推动作用。

3. 公众崇尚公共精神,积极主动、有序参与

公共精神只有得到公众的理解、接受和崇尚,公众实现了自我约束、自我教育、自我规范,并能在维护自身利益的同时重视公共利益,有意愿为公共利益付诸行动时,多元协同的社会治理才会形成深厚的群众基础。在防范化解重大安全风险中,有序参与是对公众参与的基本要求,有序参与既是发挥公众个人能力的有效方式,也是降低社会不稳定因素的必然选择。对公众个人来讲,有序参与意味着将主动性与约束、规范结合起来,意味着公众的参与有多种形式,在某些情境下,保持相对的静止状态也是一种好的参与形式。

四、建立协同资源整合机制

资源之所以需要统筹、协同和整合,源于资源需求的模糊性和动态性,以及资源来源的复杂性,对于多元的资源主体来说,如果没有合理的统筹协同,资源的供给就可能陷入混乱。

（一）加强资源的统筹，明确资源协同目标

风险治理中资源统筹的根本依据是风险的评估，需要对特定区域的特定风险、综合性风险进行系统的评估，由此分析出对资源的需求，结合区域的资源存量及资源筹集的渠道、能力等情况，形成资源需求清单，包括区域短缺的资源、充足的资源，以及资源的集中度、可获得性等属性，形成资源统筹的供需共识。

厘清资源需求清单后，要进一步确定纳入资源统筹的范围，确定各项资源的责任主体，资源责任主体以资源为线索，对相关的行政资源、市场资源、社会资源进行统筹，统筹过程就是对资源的供给方和需求方的个体利益、单位利益以及整个风险治理的公共利益之间进行协调，在协同治理的理念和目标的引导下，达成共识。最终能够避免因资源问题发生恶性竞争和严重冲突，尽可能满足治理所需的资源。

（二）打破条块分割，实现资源的流动整合

当前，由于传统上自然灾害、生产安全事故等的预防和应对都是由政府行政系统负责，沿袭至今，风险治理的相关资源大部分仍然是在行政体系中，所以资源的整合，首先就是在行政系统中实现资源的共享。

一是同级行政系统中的跨部门共享。在地方政府中，各类风险都存在跨部门的应对领导机构或议事机构，比如各级应急部门、联防联控机制等，应由这些机构或其指定的机构负责资源的整合工作。在常态下做好资源整合的基础工作，应对接各部门的资源信息、调拨方式、维持储备、开拓渠道等。在非常态化的应急状态下，能够启动预案、激活联动、迅速调集资源，开展应急工作。

二是在纵向上畅通资源、下沉通道，在重心下移的政策导向下，基层资源的建设包含了两个方面，即基层自身资源建设和资源向基层集聚。如果在基层沉淀过多的资源，利用的效率将会比较低。因此，在现阶段资源

自上而下的辐射性的覆盖仍然会是主要的方式。这就需要在资源集聚的中心有足够的储备或调集手段,"拿得出,发得走",基层"接得住,用得上"。

(三) 加强资源共享平台建设,促进资源的精准对接

资源共享平台可以对资源的供需进行对接,可以提高资源到位和利用的效率,防止资源的无序流动、供需错位等,进而造成资源浪费。在大数据时代,资源共享平台应当注意以下几个方面的问题。

一是与智慧政务、智慧城市等基础设施的衔接。风险治理的信息共享平台是这些基础平台的子系统,与其他业务子系统、社会经济的基础数据、地理信息等数字化基础有着密切的联系,只有和这些系统无缝衔接,实时共享信息,才能够保证平台数据的准确、有效、齐备。

二是平台要面向协同、面向社会。从各地的平台建设和运转的情况来看,一方面,共享平台一般都是由行政系统建设,一般也面向行政系统,并没有直接向社会开放,但这也导致了来自社会的供需信息无法在平台上流转,指挥系统与社会的实际需要之间产生脱节。另一方面,社会与公众却因为缺乏平台,信息传播能力受到很大的局限。在2021年的河南暴雨灾害中,一些热心者利用公共渠道发布的非规范的信息受到高度关注,并发挥了很大作用,这也凸显了公众在协同治理中的重要作用,但也反映出公众缺乏权威的、便捷的资源共享平台,并且这会对救灾效率产生消极影响。因此,政府应该转变观念,面向协同来建设共享平台,在技术可行的情况下,为各种不同类型的协同主体赋予不同的权限,依规享有平台开放,既成为信息的消费者,同时也能将各种风险、资源信息、需求信息系向平台提交,再依托平台网络,及时有效地传播。

五、着力推进政社良性合作

在安全风险日趋复杂严峻的局面下,必须转变观念,树立政社紧密合

作的理念，推进政社合作，因此社会组织发展、社会力量壮大，构筑政社合作格局成为完善安全风险协同治理机制的一个重要内容，除了这些基础性的工作，在政社合作方面还应当注意以下几个方面的优化。

（一）进一步增强政社之间的公开透明度，尽量为对方的决策提供充足的依据

无论是政府还是其他社会主体，其治理行为都是由一系列的决策所主导，而决策需要依靠准确的信息，因此，政社双方彼此都需要对方公开透明，以获取充分的决策依据。

一是政府应当不断完善信息治理机制，增强工作的透明度。在风险治理的各个周期中，都会产生信息。政府作为体系完整、规模庞大的优势主体，在专有信息掌握方面也存在明显的优势。政府应积极与社会各方沟通，比如，在开展常态的风险治理工作时，政府要加强对信息的甄别核查，及时与相关社会主体进行风险沟通，及时发现问题苗头，并鼓励社会主体提早介入。在突发事件发生时，政府部门应及时发出权威声音。

二是沟通的方式应与时俱进。应提高信息的可达性、吸引力，运用多媒体、可视化等方式，融合传统媒体与新媒体，以丰富的形式传播信息。

三是要重视收集社会信息。在政府、社会、民众的互动中，要注意汇聚民情民智，政府的关注点是有限的，在广度上不及公众和社会网络，并且这些信息还会被公众进行"粗加工"，因此政府应当用多种方式收集这些信息，发挥作用。

四是要增强对信息沟通和公开的法治保障。一方面，保护社会和公众的知情权，落实信息报送、公开的责任制。另一方面，规范各类主体信息发布行为，确保信息的真实性，避免不实信息对政府和其他社会受众的误导。

（二）畅通社会主体之间的参政渠道，确保政社合作的持久有效

在安全风险治理所涉及的问题中，很多是带有紧急性的，政府与社会的协同也会处于比较大的时间压力下，因此，相对而言，风险治理中政社合作应当更加畅通、高效。

一方面，社会主体参与治理的渠道要畅通。风险问题、突发问题的特点就是各种诉求可能集中产生，如果社会主体参与的渠道不够畅通，甚至是虚设，则容易发生集聚效应，导致参与的无序化、非组织化，从而使风险性质发生转变，由其他类型的风险演变成政治风险、社会风险。因此，在风险治理中，政府应特别注意按照协同治理的框架，为社会主体参与治理设计渠道，必要时要设立"绿色通道""紧急通道"等，方便社会主体建言献策、协助监督。

另一方面，强化政府回应能力。政府回应能力的体现关键就在于掌握主动性，把握适当的正确回应时机和方式。政府部门首先要对当下的重点问题有预判，做好充分的准备，主动发声。对社会主体提出的关切问题要及时予以回应，并能采用实际行动。对一些困难的问题特别要借助协同治理的力量，既能表明政府的协作诚意，又能解决实际问题。

（三）政社合作共治网络舆情，巩固社会信任

政府部门和社会组织乃至公众个人都可能遭遇网络舆情，有的舆情源于风险事件后的谣言，不断发酵之后会引发公众的负面情绪和行为，给政府部门和社会组织造成工作开展上的困难，也影响社会信任的建立，因此网络舆情的引导也是风险治理的必修课。

首先，要加强政府和社会主体的协同，维护舆情的正面健康，在协同机制设计中，将舆情作为一个重要问题。尽量通过各方的协调联动，及时提供完整、及时的信息，并统一宣传口径，占据舆情发布的主动权。

其次，加强政社之间的相互监督，确保舆情引导的主动。在新媒体时

代，政府与专业的社会主体在舆情监测方面各有所长，需借助大数据、人工智能等技术手段。可以对舆情进行智能监测，科学研判走向。因此双方应当互相监督，互相支持，利用各自的优势破除谣言，化解舆论危机。在清楚真相的前提下，政府可以以其公信力为处于不利境况的社会组织背书，帮助其摆脱危机。许多社会主体也有较大的社会影响力，如网络"大V"、意见领袖等，也可以为舆情中的政府部门发声，释放舆论正能量。

政府与社会主体在舆情方面的协同，不仅能帮助对方从不利的舆情中重新获得主导权，客观上加强政社之间的信息公开、透明，也对巩固、修复社会信任有很好的促进作用。

第五章
防范化解重大安全风险协同治理保障机制

系统观念是具有基础性的思想和工作方法。防范化解重大安全风险是实现中华民族伟大复兴新征程中必须直面和长期存在的重大课题。科学防范和化解重大安全风险必须坚持系统观念，对重大安全风险议题要有体系性把握，防范化解重大安全风险必须加强协同治理。

坚持系统观念，就是把事物看作由各种要素基于一定关系组成的有机整体，要求站在整体和全局高度观察、思考和处理事物发展过程中的问题。运用系统思维，就是要强化不同主体的协同治理，通过整合在时间或者空间、功能或者目的等存在相互关联的不同部门、不同区域、不同领域、不同性质的行为主体优势，发挥系统整体功能，做到优势互补、相互协调，实现资源效用最大化。要实现协同治理的综合性目标，就必须要加强对保障机制的系统性设计和建设。

第一节 防范化解重大安全风险协同治理保障机制的现状

随着社会经济的快速发展，各类安全风险日益凸显，对人民生命财产安全和社会稳定造成了巨大威胁。为有效应对这些风险，各级政府、企事业单位和社会组织需要建立起协同治理保障机制，从政策法规、信息共享、资源整合、力量统筹等方面，形成全社会共同参与的风险治理格局。同时，对协同治理的保障方式和保障效果也要进行系统分析。

一、防范化解重大安全风险协同治理保障政策分析

《中共中央关于制定国民经济和社会发展第十四个五年规划和二〇三五年远景目标的建议》对风险防控问题作出重大战略安排，要求增强机遇意识和风险意识、注重防范化解重大安全风险挑战、不断健全防范化解重大安全风险体制机制、把安全发展贯穿国家发展各领域和全过程。这对于我们在新征程中着力防范化解重大安全风险，具有重要的指导意义。

党的十九大报告中提出了坚决打好防范化解重大安全风险攻坚战，并从国家安全战略的高度，强调了要提高防范和抵御安全风险能力的执政要求；同时，还提出了要打造共建共治共享的社会治理格局。在党的十九大报告的指引下，在重大安全风险防范化解上，在政策层面，从治理主体、治理方式、治理范围、治理重点等方面，逐步构建从政府一元化管理体制转变为政府与各类社会主体多元化协同治理的体制。在2018年党政机构改革中，为了防范化解重大安全风险，健全公共安全体系，整合优化应急力量和资源，我国的应急管理体制进行了重大改革，组建了应急管理部。应急管理体制改革坚持优化、协同、高效原则，协同治理的思想和相关举措不断出现在新的政策文件之中。

（一）摸清底数，为自然灾害风险协同治理奠定基础

在自然灾害重大安全风险协同治理过程中，国务院办公厅于2020年6月印发《关于开展第一次全国自然灾害综合风险普查的通知》，在2020—

2022年，开展第一次全国自然灾害综合风险普查工作。自然灾害综合普查是提升自然灾害防治能力的基础性工作，涉及各级人民政府、重点企事业单位、社会组织和部分居民。为了保障这项基础性工作的顺利进行，首先成立了国务院第一次全国自然灾害综合风险普查领导小组，加强组织领导，负责全国普查组织实施中重大问题的研究和决策，县级以上地方各级人民政府都设立了相应的普查领导小组及其办公室。其次明确了工作经费的保障机制，以地方保障为主，中央负责本级相关支出和承担的跨省（自治区、直辖市）普查工作相关支出，并通过专项转移支付给予地方适当补助。

应急管理部会同多个部门和单位，组建了全国自然灾害综合风险普查技术组，论证编制普查相关方案。普查聚焦于自然灾害风险的基本要素的底数调查，首先是明确自然灾害孕灾致灾要素的底数，即孕育和导致主要自然灾害发生发展的基本因素。其次是明确重要承灾体的底数，即可能承受自然灾害打击的对象情况，包括人口、房屋建筑、基础设施、公共服务系统、资源与环境等。最后是明确历史自然灾害的底数，即历史上已发生的自然灾害情况。通过开展风险评估和区划，客观反映全国和各地区自然灾害综合风险水平。

此次全国普查突出了为重大自然灾害风险的协同治理建立基础性数据，在摸清底数的同时，还全面调查和评估各地包括各级政府、社会和基层三方面的防灾减灾救灾能力。政府的能力包括自然灾害管理队伍状况、应急救援专业力量、应急物资保障能力、主要自然灾害防治工程情况等。社会的能力包括能够动员的社会组织和社会力量参与防灾减灾救灾的情况，能够调动的相关企业参与防灾减灾救灾的情况。基层的能力包括乡镇和社区自然灾害管理队伍、相关物资保障、应急处置能力等方面的情况，还包括居民的自然灾害风险防范意识和自救互救能力等。这是首次开展的覆盖"全国-省-市-县-乡镇-社区（村）-家户"的综合防灾减灾救灾能力调查评估。

（二）综合施策，保障安全生产风险协同治理效果

在安全生产领域，自2018年机构改革以来，出台了若干政策，很多政策措施都涉及协同治理。2021年4月，应急管理部印发的《关于加强安全生产执法工作的意见》（以下简称《执法意见》），在突出精准执法、严格执法、规范执法的同时，也更加强调执法的协同。针对市场主体反映的不同层级监管部门多次重复检查导致的多层重复执法问题，通过厘清层级管辖权限，明确一家企业对应一个层级的执法主体。上级部门要对下级执法工作进行监督指导和抽查检查。下级部门遇有重大和复杂案件要及时报告给上级部门立案查处。密切行刑衔接，做好行政执法和刑事责任追究的协同治理。《执法意见》要求各级应急管理部门在执法检查中，发现涉嫌危险作业的违法行为，要按照《安全生产行政执法与刑事司法衔接工作办法》及时移送司法机关，依法追究刑事责任。同时，《执法意见》还对加强失信联合惩戒和建立联合执法机制提出了明确要求。这些措施都强调了在执法过程中，通过多种途径和多种手段的综合运用保障治理效果的实现。

危险化学品安全是安全生产领域中风险防范的重中之重。防控危险化学品重大安全风险，对做好重大危险源管控至关重要。重大危险源能量集中，一旦发生事故，易造成重大人员伤亡和财产损失，社会影响极大。2020年，中共中央办公厅、国务院办公厅印发《关于全面加强危险化学品安全生产工作的意见》，部署开展危险化学品安全专项整治三年行动，要求突出重大危险源企业，实施最严格的治理整顿。2021年3月，应急管理部出台了《危险化学品企业重大危险源安全包保责任制办法（试行）》（以下简称《办法》）。应急管理部针对重大危险源建立了风险监测预警系统，全面接入了危险化学品生产储存企业重大危险源监测监控数据，加强信息化管控；建立了危险化学品安全监管和消防救援机构联合监管工作机制，以"消地协作"模式每年对重大危险源企业开展两轮全覆盖检查督导，推动排查、督办、治理重大隐患和突出问题。《办法》还着力推动企业端强化落实

重大危险源安全管理责任，与政府端预警系统和联合检查机制形成合力，构建重大危险源常态化隐患排查和安全风险防控制度体系。对于企业每一处重大危险源，都要明确重大危险源的主要负责人、技术负责人、操作负责人，从总体管理、技术管理、操作管理三个层面实行安全包保。

（三）系统建设，为重大风险协同治理提供信息保障

在对重大风险的防控协同治理中，信息保障体系的建设是基础性工程，也是协同治理机制发挥作用的前提。2019 年 4 月，国务院安委会办公室、国家减灾委办公室、应急管理部联合印发《关于加强应急基础信息管理的通知》，就依托全国应急管理大数据应用平台加强应急基础信息管理的相关工作进行了全面部署。应急基础信息主要指安全生产和自然灾害防治领域的风险和隐患信息，以及各类灾害事故信息。这些都是基础资源，是做好重大安全风险防范处置工作的重要支撑。目前，这些基础信息仍由各地区、各有关部门和各行业企业分别掌握，这就容易导致出现监测空白，形成信息孤岛，不利于重大风险和隐患在线监测、超前预警预报和灾害事故高效处置。为了推进工作的落实，从技术层面、制度层面和评估监督考核方面制定了保障措施。在技术层面，保障全国应急管理大数据应用平台建设及运行过程的物理与环境安全、网络和设备安全、应用和数据安全以及管理安全。在制度层面，按照分级属地的原则建立网上抽查巡查制度，对有关部门和企业安全生产风险监测系统运行情况以及自然灾害风险调查评估开展情况进行监督。在评估监督考核方面，采用日常监督、定期与不定期网上抽查相结合、单位自查与现场督导相结合等多种方式，督促有关单位和人员落实责任。

2020 年 2 月，应急管理部、民政部、财政部联合印发《关于加强全国灾害信息员队伍建设的指导意见》（以下简称《意见》），通过大力发展和建设灾害信息员队伍，筑牢防灾减灾救灾的人民防线。目前，全国灾害信息员队伍达 80 余万人，各级灾害信息员作为全国灾情报告系统的重要力量和

具体实施者,在承担灾情统计报送和管理、传递灾害预警信息、降低灾害损失和影响、保障人民群众生命财产安全等方面发挥了重要作用。《意见》着眼新时代应急管理工作的新使命、新任务和新要求,明确加强全国灾害信息员队伍建设的目标任务,完善保障措施,进一步夯实灾害信息员队伍基础、完善灾情报告体系、提升各级灾情管理工作能力和水平。《意见》提出建立覆盖全国的"省-市-县-乡-村"五级灾害信息员队伍,确保全国每个城乡社区均有1名灾害信息员;引导社会力量参与,鼓励各地通过政府购买服务、设置公益性岗位等手段,吸纳社会力量加入灾害信息员队伍,注重发挥好社会组织、志愿者、企事业单位安全管理人员作用,不断提高社会力量有序参与灾情统计报送和救灾应急工作的能力和水平。为了保障工作目标的实现,对灾害信息员队伍的经费补助、装备配备、信息报送共享、社会力量参与等明确了相应的保障机制,并将灾害信息员队伍建设纳入本地区年度防灾减灾救灾工作考评范围,建立灾害信息员工作绩效考核机制。

(四)规范先行,为重大风险协同治理提供制度保障

2019年7月,应急管理部公布《应急管理部关于修改〈生产安全事故应急预案管理办法〉的决定》,自2019年9月1日起施行。该办法的修订涉及19项内容,涵盖生产安全事故应急预案的编制、评审、公布、备案、实施及监督管理工作,并制定了相应的惩戒措施。对生产经营单位未按照规定进行应急预案备案的,将根据相关要求作出相应处罚。同月,应急管理部还发布了《应急管理标准化工作管理办法》,通过建立统一的技术规范,为风险防范在技术上确立保障措施。通过对技术标准的制修订程序、技术要求、奖惩机制等方面进行规定,促进风险协同治理过程的标准化建设。应急管理部还建立有关标准化技术委员会,为标准化工作提供智力保障。

2021年11月,应急管理部公布了《社会应急力量救援队伍建设规范

(征求意见稿)》,对社会应急力量救援队伍建设、行动管理及装备配备等方面作出规定。这个规范分为六个部分,即总体要求、建筑物倒塌搜救、山地搜救、水上搜救、潜水救援及应急医疗救援。其提出了民间救援力量应坚持公益志愿性原则、安全性原则、专业性原则、协同性原则、属地原则和可持续发展原则;提出社会应急力量救援队伍应在应急管理等部门指导下,在属地民政等有关部门合法登记注册,接受年检或组建单位的指导和监督;针对民间救援队面临的生存发展困境,提出了通过社会捐赠、政府购买服务、基金合作、提供项目服务等方式,探索建立多种运作资金来源保障机制。

二、防范化解重大安全风险协同治理保障方式分析

(一)加强组织领导

重大安全风险防范是涉及国家安全的重要问题,必须坚持和加强党的领导,把党的领导落到实处。防范化解重大安全风险的协同治理涉及的主体众多,必须发挥党的统一领导、协调八方的制度优势。针对综合或专项的风险协同治理,必须通过相关层级的党组织承担起领导责任,引导各参与主体履行好协同治理中的职责,确保协同治理机制有效运作。

虽然重大安全风险的协同治理是多元主体的共同行动,但是政府在具体的风险预防和应对中通常发挥主导作用。为实现协同治理目标并确保治理过程有序,政府需要对其他参与主体进行适当干预,其手段包括监督管理、经济激励、教育引导等。因此,需要通过科学设计干预手段保障政府干预的有效性。

(二)完善协商与决策流程

风险治理的决策流程是预防控制和处置解决重大安全风险的动态过程,通过对相关信息进行处理、对特定目标进行分析,然后制定方案、评价选

择、组织实施。风险治理的决策过程是重大安全风险协同治理的核心，涉及决策主体的选择和确定，主要包括了专业能力的人员配置、匹配度、团队种类、职能分配，还涉及采用科学的决策方式和流程管理，以实现精准的防控效果。

协同治理要在多级政府、不同的市场主体和社会组织以及社会公众之间进行政策协调。每一个参与主体都代表一定群体的利益，不同的参与主体因为面临着不同的主体性质，具有不同的运行逻辑。重大安全风险问题是公共事务中高度复杂和不确定的问题，协调一致和形成决策面临很多困难。因此保障协同治理有效运行，就必须建立各主体都相对认可的政策一致的目标，通过政策引导和政策约束，将具有不同目标的参与者聚合到一起，使其依据各自目标在同一框架内开展活动。在政策制定和具体落实过程中，各主体之间协商机制的科学设计是保障最终目标实现的前提和基础。

协同的起点是协商和决策。针对不同的问题，谁来参与协商？怎样协商？协商与决策的流程是什么？所有这些都要有明确的规则，有明确的制度规范。同时根据重大安全风险防控的特殊工作要求，在提高协商效率、加快决策速度上设计有效的制度规范。通过完善协同中协调行动支持的制度，加强行动中的行为协调。针对每一项风险防控的具体任务，由哪个部门牵头，哪些部门配合，行动中临时出现的问题应依据什么原则进行临机处置，都应有明确的规定。只要能明确职责、措施的，都应该提前作出规定。

（三）建立有效的信息共享和沟通机制

良好沟通与信息共享是协同治理成功的重要保障。重大安全风险协同治理的各个主体之间由于在常态运行中各方都相对独立，因此必须要建立相互兼容的信息沟通系统，减少信息不对称，提升协同治理的效果。传统政府部门习惯由单一组织承担某项任务，组织内部结构关系和沟通渠道有助于信息流动。在多元主体参与的协同治理网络中,分权式组织结构和非制度化传播途径会带来种种沟通困难,不同参与主体间建立的信息壁垒进一步加剧了问题的严重性。

(四)形成明确的监督评价体系

重大安全风险的防范和化解涉及监测监控、预测预警、信息报告、辅助决策、调度指挥、现场处置等各个环节。通过加强和完善应急平台建设和协同调度系统建设,完善有关专业领域应急平台功能,形成连接各地区和各专业应急指挥机构、统一高效的协同治理平台体系是做好防范化解重大安全风险的基础性保障。而以社区、乡村、学校、企业等基层单位为重点的基层突发事件处置能力建设是协同治理体系建设的薄弱环节。社会应急救援队伍建设和针对突发事件预防处置的技术手段、技术装备等技防能力提升是建设的重点。这些方面的能力水平提升需要有足够的资金保障。对重大安全风险应急处置所需物料、装备、通信器材、生活用品等物资和紧急避难场所,以及运输能力、通信能力、生产能力和有关技术、信息等都要建立必要的储备保障。

三、防范化解重大安全风险协同治理保障效果分析

(一)特定情景的风险协同治理保障措施逐步优化

从新冠疫情的整体应对可以看出,对于疫情紧急处置到常态化防控治理,相较于初期疫情防控中应急保障措施的碎片化,后期防控工作表现出明显的进步。从制定防控方案到实施各项应急措施,协同治理的保障工作更加全面和成熟。从物质层面的保障到心理层面的安抚,从政府相关部门相互配合到形成全社会的整体动员,从着眼对风险的处置到风险治理的全流程防控,从党和政府的领导到各部门、各单位、各级基层组织、各社会

组织以及每个社会个体的统一协调,在保障机制和保障措施上都进行了科学的设计和有力的执行。

(二) 重大安全风险治理的保障由碎片化向协同方向发展

尽管在重大安全风险治理过程中,协同方面还存在一定的短板,但是从保障机制和保障措施方面来说,正逐步从单一的措施向综合施策转变,从碎片化向综合性更强的协同方向发展。从主体方面来说,虽然大量的协同工作是由政府直接组织的,但是很多地方开始探索由社会组织牵头建立的多主体协同机制。在保障机制建设方面,一方面从国家整体的宏观层面为重大安全风险协同治理的有效开展进行了顶层设计,加大了整个应急管理层面的信息保障、物资保障、制度保障等工作;另一方面各地方、各专项领域在构建协同治理机制时,对保障措施和保障手段也从多方面进行了设计。在很多重大安全风险预防应对的预案中,针对不同的应对环节,都细分制定了相应的保障制度。

(三) 重大风险协同治理保障机制存在的不足

现有的重大风险协同治理保障机制在面向政府相关部门和具体到生产领域中针对企业的一些保障措施强制力度较高,保障较为有力,但是很多针对市场主体、社会组织的保障措施约束力低。在很多专项风险防控领域,保障机制环节衔接不协调、具体内容措施难以落实。从整个社会治理的角度来说,协同治理还处在探索和发展过程中,在对多元主体建设上,政府对协同治理网络的干预还面临着在两个极端之间摇摆的局面。当政府把一些权力和事项放度出去,放松有效监管时,又会出现一些问题,而当出现问题时又过度反应,转而对参与各方进行事无巨细的微观干预,又引起参与各方的不满,转而放松监管。

第二节　防范化解重大安全风险协同治理保障机制构建的意义

防范化解重大安全风险协同治理保障机制的构建，对于积极防范化解重大安全风险，提升突发事件应急管理水平，维护国家安全与社会稳定，保护人民群众生命财产安全，推进治理体系和治理能力现代化，具有重大意义。

一、扩大协同治理功效

社会发展的不同时期和不同阶段面临的重大安全风险在发生不断的变化。风险类型、程度和性质的变化推动着防范化解风险的模式变化和治理体制的变革。防范化解风险的过程就是如何管控和应对风险的治理过程。在管控应对风险方面，从原来单一的风险管理、应急管理等逐步发展到对风险的协同治理，是与我国整体上从管理到治理的变革进程息息相关的。党的十九届四中全会对社会治理体系明确提出坚持党委领导、政府负责、民主协商、社会协同、公众参与、法治保障、科技支撑的要求。社会治理经历了从政府一元管控为主到社会、个体的多元参与，再到在党的领导下"多元共治+法治"的协同治理演进过程。从原有管理模式向新的治理体制改变和演进中，不仅要依靠制度性的变革，还必须要建立相应的保障机制，保证改革的顺利进行和取得实效。

协同治理的本质是通过在共同处理复杂社会公共事务过程中的相互关系协调，实现共同行动、耦合结构和资源共享，从根本上弥补政府、市场和社会单一主体治理的局限性。通过消除现实中存在的隔阂和冲突，以最低的成本实现社会各方共同的长远利益，从而对公共利益的实现产生协同增效的功能。重大安全风险的协同治理需要从社会治理的角度运用源头治理、系统治理、科学治理等方式来化解风险防范工作中存在的具体问题。这些具体问题的解决都有赖于对协同治理过程中的经费、人员、技术、信息、资源以及考核、评价、奖惩等一系列保障措施和保障手段来完成。

"兵马未动、粮草先行。"建立健全相应物质保障机制是确保重大安全风险协同治理有序推进的重要前提。通过对重大安全风险协同治理建立相应的资金投入和经费保障机制，可以满足治理过程中的资金需要，形成必要的物质基础。在信息化、智能化发展背景下，资金保障体系为防控体系、雪亮工程、信息工程等治理项目经费提供了有效保障。通过积极引导市场组织加大对风险协同治理项目投资建设力度，鼓励高科技安全防范企业加大对治理项目的研发和建设力度，通过建立示范工程、税收减免等政策保障，可以引导更多高科技企业参与其中，提升重大安全风险协同治理的技术水平。

而在宏观层面上，要促进和落实保障机制的良性运行，就必须通过法治建设来提供法治保障。重大安全风险协同治理是一个长期的过程，涉及的范围非常广。为了更好推进协同治理工作，针对治理过程中涉及的内容，通过法治化手段予以明确，出台相关法律法规、技术标准等规范，解决协同治理诸多环节中面临的问题，可以确保协同治理实际运行过程中各项保障措施的到位和执行。协同治理过程是一个逐步完善的过程，需要在推进治理的全流程中对不同机制进行不断调适和完善，有效的评价监督机制能及时发现协同治理过程中存在的问题，并提出相应的对策。通过建立评价考核机制，对某个协同治理项目或某个区域、某个单位进行整体性评价，全面、科学评价协同治理的效果，形成评估依据，促进协同治理运行机制顺畅运行。

建立和完善监督机制是推进重大安全风险协同治理过程中的重要环节，是确保治理各系统和组织高效运行的有力保障。通过完善重大安全风险协同治理的监督机制，可以形成有效的反馈，保障各项措施落到实处。通过政策引导、政府购买服务、资金扶持等形式把涉及协同治理的市场主体、社会组织和个人都作为评价主体纳入其中，让市场主体和社会组织参与协同治理监督，提升治理效能。协同治理的监督机制与评价机制之间是紧密联系的。评价机制重点观测是否达到协同治理预期的效果和目标，如果没有达到预期的效果，则需启动监督机制，找出相应没有达到预期效果的具体原因，对一些具体机制进行调适完善，确保协同治理效能实现最大化。

二、提升协同治理效率

重大安全风险协同治理机制的有效运转，需要各个参与主体在风险得以识别之后，愿意加强协作、共同面对，缓解单一主体所面临的风险压力。风险共担和风险共同应对是重大风险协同治理过程中各个主体进行有效合作的理念前提，同时也是各个主体资源整合和发挥作用的重要基础。行之有效的风险防控保障机制会强化各方的风险意识，通过日常的管理凝聚力量。风险保障机制的运作可以让各方意识到风险共担的重要性和怎样进行协作应对，提升各方主体共同抵御风险的应对能力，给予各参与主体足够的信心，从整体上提升协同治理的动力和效率。

优质资源在协同治理参与机制成员之间的互通有无和相互支撑是实现协同治理的基本保障。保障机制可以有效促进各个主体之间的资源共享，减少资源重复配置，实现风险预防和应对过程中有限资源的最优化配置。协同治理保障机制通过有效促进资源整合和资源共享，从权力资源、物质资源和信息资源等方面保障和强化各个治理主体间的良性互动，提升协同治理机制运行的效率和质量。通过对参与主体在资源、信息、人力、物力等方面保障上的明晰和细化，可以实现协同治理的各个参与主体之间的信任沟通，从而提升重大安全风险协同治理的效率。通过对资源配置和资源共享建立相应的奖惩管理和评价监督机制，协调和保障协同治理活动的顺利进行，充分激发各个主体的内生动力，形成明显的协同效应。

重大安全风险协同治理的保障机制建设，最终是要从具体的操作层面出发，落实到具体的人、财、物的分配、协调、沟通等方面。协同治理由原先的政府单向引导，变成多主体协同建构的状态。协同治理的有效运行从表面上看，是各参与主体的共同合作和各自功能的强强联合，从实际运行来看，则是各方内部每一个具体执行单元和执行个体形成的协作关系。因此，通过建立相应的保障机制，让权、责、利具体落实到人，更能激发协同治理的主动性与积极性，进而凝心聚力，提升治理效率。在建立保障机制过程中，通过充分运用政策引导和制度约束，为协同治理机制的全面运行提供支撑。通过政策法规的引导，为协同治理创建良好的政策环境，引导市场主体和社会组织等及时调整内部机构和资源配置状况，更高效率地适应政策环境的改变。政策法规的保障可以给其他主体一个明确的政策预期，能够进一步增强各个主体间的互信度，充分保障协同治理的有效性。

三、促进协同治理能动

在原有重大安全风险防控和应对过程中，党委、政府是最重要的主体，承担了主要职能。而在协同治理过程中，为了发挥其他主体的作用，在构建协同治理过程中，党委、政府就需要向市场组织、社会组织等其他主体赋予或授予代为执行一部分权力，保障其他主体能够依法依规开展工作，充分发挥市场组织、社会组织等自身的积极能动性。通过一定权力的赋予，让风险治理的参与主体可以根据自身内部情况和发展过程中出现的安全问题进行治理，也能根据党委、政府在各个安全风险领域的具体政策进行自主式治理。

重大安全风险的协同治理机制发挥作用，最主要的是要满足各个主体为了追求潜在的公共利益的内在动力，和实现相关利益主体的利益最大化。协同治理保障机制的关键是要通过激发各个参与者的动机，推动每个主体发挥主观能动性，推动各参与方围绕共同的目标，促进协同治理机制的可持续发展。风险协同治理的保障机制涵盖风险防控的整个活动过程，通过正向激励和反向惩戒促进各方主体的职责和担当。通过建立一套内容明确、行之有效的微观奖惩管理机制，制定针对性、导向性的奖励措施，有目的地激发引导组织成员的积极性和主动性，充分发挥主体作用，同时对表现不佳的参与主体加以约束规范。

市场组织、社会组织和个体等有意愿参与到重大安全风险的协同治理中，根本的原因是各方具备自身的利益诉求。这种利益诉求来自两个方面，一个方面是制度性和道德性的约束，需要通过制度建设和思想引导进行；另一个方面是在参与过程中实现自身的利益，促进利益的共享和共同利益目标的达成，这就需要建立必要的保障机制。通过保障机制的建立，让多元利益在协同治理过程中汇聚成统一的目标。通过保障多种利益的实现平衡，促进利益的相互作用，各个主体才能有动力完成这个统一目标。

风险协同治理保障机制的建立首先可以改善风险防控和应对的物质条件和工作基础，可以让各个参与主体在一个相对有支持、有依托的环境下进行各自能动性的发挥。其次在充分协商和科学决策的基础上，通过厘清在各参与主体所需的激励内容以及激励程度基础上建立健全的激励机制，有针对性地选择奖励措施和约束手段,激发参与各方和参与个体的主动性。保障机制的建立可以为协同治理各个主体自身能力建设提供持久的助力。通过政策层面的激励手段,如资金补助、技术扶持等,带动各个参与主体共同协作,提升参与意愿和各个主体的治理能力。

第三节 防范化解重大安全风险协同治理保障机制构建的原则

我国重大安全风险协同治理保障机制的构建,必须立足我国实际、符合我国国情,适应我国的发展要求,体现人民的意志,并且要严格遵循相关的原则。下面对保障机制构建需要坚持的重要原则展开阐述。

一、人民至上、生命至上原则

人民至上是中国共产党人的根本价值追求和执政理念。在防范化解重大安全风险过程中,要坚持人民至上、生命至上,把保护人民生命安全摆在首位,全面提高重大安全风险协同治理保障能力,在保护人民生命安全面前必须不惜一切代价。要深入贯彻落实习近平总书记关于应急管理和防灾减灾救灾重要论述精神,坚持总体国家安全观,坚持以人民为中心,不断增强人民群众的获得感、幸福感、安全感,呵护每个人的生命、价值、尊严,实现人的全面发展。

在防范化解重大安全风险协同治理的全过程中,要把保障人民生命财产安全放在首位,贯穿始终。"宁可十防九空,绝不可失防万一",要创新手段、形成合力,共同夯实安全基石,牢牢构筑起安全屏障。在保护人民生命安全面前,我们必须不惜一切代价,我们也能够做到不惜一切代价,因为中国共产党的根本宗旨是全心全意为人民服务，我们的国家是人民当家作主的社会主义国家。

二、多元参与原则

在重大安全风险协同治理过程中，要强化社会共治，打造多元主体综合参与的治理模式。加强联防联控，形成社会共治、群防群治的格局，最大限度防范化解重大安全风险。坚持国家安全一切为了人民、一切依靠人民，坚持群众观点和群众路线，真正夯实国家安全的群众基础。着力构建共建共治共享的治理机制，探索多元主体参与的运行机制和模式，拓展人民群众参与公共安全治理的有效途径，提升重大安全风险协同治理的有效性。

在健全社会力量和市场参与机制的基础上，政府需采取合理措施积极引导并统筹协调企业、社会组织和基层民众有序参与防灾减灾救灾工作。一是要增强多元主体之间的协作意识，避免在谋求合作平衡的过程中产生不良竞争，造成资源浪费。二是要充分认识到各参与主体的作用和优势，结合相关利益来调动其积极性。三是要依法依规对参与主体进行监管，及时纠正不当行为并给予适度处罚。四是要将防灾减灾救灾纳入社会治理网格化体系，从基层构建敏锐的风险感知"神经网络"。五是要完善公民安全教育体系，推动安全宣传进企业、进农村、进社区、进学校、进家庭，普及安全知识，培育安全文化，发挥基层社区、村镇在应急管理中的作用，推进安全风险网格化管理，广泛发动群众、依靠群众，把风险控制在成灾之前。

落实这一重要原则，需要政府改变传统包揽式管理方式，着重发挥好统筹协调的主导作用，通过下放权力、规范边界、建立制度激发各类主体的治理优势，促进政府、市场、社会和民众的相互制衡和良性互动，真正提高风险治理的效率、效益和效果。

三、综合施策原则

受气候变化、经济全球化和快速城市化的影响，人类社会所面临的重大安全风险不断增加，并呈现一定的叠加态势，严重威胁到公共安全和可持续发展。此外，在叠加态势下，各类安全风险往往牵一发而动全身，极易形成灾害链和多灾种灾害，而多灾种巨灾风险又具有交叉性、系统性、复杂性、高度不确定性等特点。加之全球化进程的加快和新媒体的快速发展，安全风险又会通过交通、互联网、通信等系统迅速扩散、传播。各种因素的叠加和变迁，使得新时代重大安全风险的防范和化解工作具有巨大的困难和挑战性。

2016年7月28日，习近平总书记在唐山抗震救灾和新唐山建设40年之际，提出了关于新时代防灾减灾救灾"两个坚持""三个转变"的重要论述，即坚持以防为主、防抗救相结合，坚持常态减灾和非常态救灾相统一，努力实现从注重灾后救助向注重灾前预防转变，从应对单一灾种向综合减灾转变，从减少灾害损失向减轻灾害风险转变。

做好新形势下的风险防范化解工作，需要立足国情，打造契合我国社会的综合风险防范模式，综合施策，有的放矢制定应对策略，统筹常态化精准防控和应急处置，多措并举全面提升抵御、应对和处置重大安全风险的能力。

综合施策，是实施致力于参与、协调和综合治理，进行综合风险防范的政策举措。综合风险防范是指从全灾种、全过程、全方位和全社会的视角出发，统筹政治、经济、文化、社会等多个要素进行风险防范，强调政府、企业、社区、公众协调互动，实现安全设防、救灾救济、应急响应、风险转移的结构综合和备灾、应急、恢复、重建的功能综合。综合思维对于灾害风险管理极其重要，尤其是在灾害致因与相互影响日益复杂化的背景下，一项风险可能引发一连串的安全问题，需整合政府、企业、社会组织等多方力量，建立综合风险管理模式，从而更好地应对多元风险挑战，全面提升风险防范能力。

四、可持续发展原则

安全发展是人类面临的重大挑战，安全是发展的前提，发展为安全提供保障。虽然大多数关于可持续性的研究都更为强调和主要集中在组织活动对自然环境的影响上，但社会环境和公共管理实践也深刻地影响着人类和社会环境，可持续发展必然涉及对人力资源和物质资源的关注，涉及人民群众的生命财产安全、社会生活实践及幸福感、安全感、获得感的获取。通常可持续性被定义为通过努力保护自然资源和避免在实践中产生浪费，节约和更有效地利用已有的资源，会减轻社会经济活动对环境的负担，并且因为所需的资源不会枯竭所以有助于确保经济活动能够长期地持续进行。可持续性还包括更新和回收利用的活动实践，以确保支持人类生产和生活方式的生态系统可以得到保护。在文化可持续性方面，可持续发展指的是保护受到全球化和现代化威胁的艺术、文化等。在自然科学方面，许多关于可持续性的研究都集中在生态系统能够承受的压力以及恢复生态平衡的原理上。在管理方面，研究主要集中在管理效能和可持续性之间的关系上，以及导致组织寻求不同的可持续性发展战略的因素上。

构建一个可持续发展的机制，是防范化解重大安全风险的保障。可持续发展涉及环境、经济和社会因素，旨在确保社会进步、环境保护以及经济增长之间的平衡状态，是指合理使用现有资源，以便始终能够满足当代人的需求，而不以损害子孙后代利益为代价，是能满足他们的需求的发展模式，具有公平性、共同性和持续性特征。在防范化解重大安全风险中，需要统筹发展和安全，控风险、促创新、协同增效，夯实长期稳定发展的基础，推动协同治理的发展。

第四节　影响防范化解重大安全风险协同治理保障机制构建的因素

防范化解重大安全风险的协同治理是一个系统工程，其保障机制也是一个整体的组织系统，受多个维度的因素影响，维护公共安全要坚持问题导向，着力补齐短板、堵塞漏洞、消除隐患，将每个要素进行深入考虑、系统谋划以及合理配置，才能彻底堵塞住安全漏洞，坚决打破"安全孤岛"，构建起防范化解重大安全风险协同治理的强大保障网络。

目前，关于防范化解重大安全风险协同治理保障机制构建的影响因素已有研究成果，通过对相关文献的归纳梳理并结合实际工作，下面主要从人力、财力、物力因素，信息和技术因素，组织管理因素，安全文化因素等关键影响因素方面，及其对防范化解重大安全风险协同治理保障机制的作用机制进行分析，为保障机制构建提供因素参考。

一、人力、财力、物力因素

（一）人力因素

人才是第一资源，人力资源是体现在人身上的技能和知识的存量，是完成一切工作的重要保障，通常是由知识、技能、能力素质构成，它凝结在劳动上，具有经济价值。作为一种重要的资源，人力资源因素在风险治理中的作用日益凸显，为防范化解重大安全风险的协同治理提供了坚强的人力保障。在现代社会中，管理实践的效能提高越来越依赖人力因素的作用。现代管理的突出特点是强调以人为中心，强调在工作分析的基础上工作的再设计和恰当的定员与定额，为人员创造和谐的人际关系、组织氛围以及良好的工作条件和环境，激发工作者的自觉性和创造性，从而满足组织现代化管理实践的需要。①

人力因素对防范化解重大安全风险协同治理保障机制构建发挥了积极作用。各类人力资源因素如公共安全、卫生、地震救援、海上搜救、矿难救援、森林消防、防洪抢险、核与辐射、环境监控、危险化学品事故救援、铁路事故、民航事故、基础信息网络和重要信息系统事故处置的相关人力，以及水、电、油、气等工程抢险救援队伍是应急救援的专业队伍与骨干力量，中国人民解放军和中国人民武装警察部队是处置突发公共安全事件的突击力量。此外，还有各种社会团体、企事业单位以及志愿者等社会力量。实践充分证明，这些人力因素的联动、协调、配合，是防范化解重大安全风险的关键因素，需要大力发展、优先开发。

（二）财力因素

财力因素属于一种经济资源，通常指的是经营实体提供产品或服务所需的经济资产。在防范化解重大安全风险协同治理保障机制构建的情境下，财力因素主要指的是政府保证重大安全风险协同治理工作所需应急准备与救援的财政应急资金。当突发事件发生后，政府有义务向受灾地区下拨应急救灾资金。

政府的财政拨款是应急财政保障的基础。事故灾难的防治和救灾费用按照《中华人民共和国预算法》《应急救援领域中央与地方财政事权和支出责任划分改革方案》等法律和规定执行。2020年国务院办公厅发布了《应急救援领域中央与地方财政事权和支出责任划分改革方案》，标志着权责清晰、财力协调、区域均衡的中央和地方财政关系的形成，充分发挥中央和地方三者的积极性。

---

① 赫伯特·赫尼曼、蒂莫西·贾琪：《组织人员配置》（第4版），机械工业出版社2005年版，第69页。

我国应急财政资金的来源除了财政拨款，还涉及社会捐助、政策保险和商业保险，在一定程度上，形成了应急财力因素筹措渠道的多元化。其中的保险作为一种风险转移机制，在重大安全风险治理中起到一定的保障作用，要坚持政府推动、市场运作原则，加强保险公司、决策者与其他利益相关方之间的对话，不断扩大保险覆盖面，加快巨灾保险制度建设，充分发挥保险、再保险等市场机制在损失补偿、恢复重建等方面的作用，并积极探索更广泛的金融工具和创新解决方案，完善应对灾害风险的金融支持体系。

（三）物力因素

物力因素是以物质对象表现出来的有形物品或其他对特定的人或群体在特定情境下具有价值的物质商品，是最容易转化为其他类型资本的资源类型。作为人力因素的载体，物力因素与人力因素呈现出互补性。防范化解重大安全风险的物力因素涉及公共安全基础设施与装备建设，应急物资储备等有形物品，是确保重大安全风险协同治理成效的重要物质基础。

物力因素在防范化解重大安全风险协同治理保障机制中发挥了积极作用。新一轮机构改革中，我国成立了国家粮食和物资储备局。在应急管理部的"三定"方案中，特别提出与国家粮食和物资储备局的关系，由应急管理部提出中央物资的储备需求，组织编制储备规划、品种目录和标准，会同国家粮食和物资储备局等部门确定年度购置计划，根据需要下达动用指令。国家粮食和物资储备局负责收储、轮换及日常管理，根据应急管理部的动用指令组织调出。

习近平总书记在2020年2月14日中央全面深化改革委员会第十二次会议上强调，"要健全统一的应急物资保障体系，把应急物资保障作为国家应急管理体系建设的重要内容，按照集中管理、统一调拨、平时服务、灾时应急、采储结合、节约高效的原则，尽快健全相关工作机制和应急预案。要优化重要应急物资产能保障和区域布局，做到关键时刻调得出、用得上。对短期可能出现的物资供应短缺，建立集中生产调度机制，统一组织原材料供应、安排定点生产、规范质量标准，确保应急物资保障有序有力。要健全国家储备体系，科学调整储备的品类、规模、结构，提升储备效能。要建立国家统一的应急物资采购供应体系，对应急救援物资实行集中管理、统一调拨、统一配送，推动应急物资供应保障网络更加高效安全可控"。

二、信息和技术因素

就重大安全风险防范化解的协同治理保障机制而言，信息和技术因素主要包括了协同治理保障机制的技术水平、技术应用和技术管理等要素。在"互联网+"时代，信息和技术的发展对我国重大安全风险的协同治理起到了极大的推动作用，信息和技术的变化也给安全风险协同治理的保障模式带来了新的革命，对其组织结构、管理理念等都产生了直接影响，改变甚至颠覆了原有传统的治理模式。

信息和技术因素对防范化解重大安全风险协同治理保障机制的影响主要体现在两个方面。一方面，信息技术实现了信息无限流通，信息技术和协同治理的深度融合，不仅为协同治理提供了技术支持，也为解决协同治理进程中的信息不对称等问题提供了技术保障。另一方面，通过加强监测、预报、预警信息系统建设，充分利用现代通信手段，把有线电话、卫星电话、移动终端、无线电台及互联网等有机结合起来，建立覆盖全国的事故灾难应急防治信息网，并实现部门之间、区域之间的信息共享。

三、组织管理因素

大量的研究证据表明，组织管理情况会影响公共治理的效能，要深化应急管理体制机制改革，从而更好地保障人民群众生命财产安全。国务院是突发公共事件应急管理工作的最高行政领导机构。2018年3月，国务院组建应急管理部，推动形成统一指挥、专常兼备、反应灵敏、上下联动、平战结合的中国特色应急管理体制，这是以习近平同志为核心的党中央健全我国公共安全体系、更好维护人民生命财产安全的重大举措。2019年11月，习近平总书记在主持十九届中央政治局第十九次集体学习时强调："应急管理是国家治理体系和治理能力的重要组成部分，承担防范化解重大安全风险、及时应对处置各类灾害事故的重要职责，担负保护人民群众生命财产安全和维护社会稳定的重要使命。要发挥我国应急管理体系的特色和优势，借鉴国外应急管理有益做法，积极推进我国应急管理体系和能力现代化。"

四、安全文化因素

安全文化的"安全"，既包括"硬安全"又包括"软安全"。长期以来，我国安全生产领域适用的安全文化主要强调的是"硬安全"，即物力意义上的安全。在我国组建应急管理部的情境下，安全文化的范畴纳入了"软安全"，即社会安全的内容。

重大安全风险的协同治理，也不能仅仅停留在"术"的层面，需要推动对"道"的探索。在新时代新形势下，安全文化在重大安全风险的协同治理中发挥着积极的作用。可以增强人民群众的安全意识，提升公众的风险感知能力和水平，并且提升自救与互救的能力，引导社会公众在巨灾面前遵守秩序、互帮互助、关爱弱者。此外，安全文化还能在突发事件发生时显著地提升公众的应急响应效率，对防范化解重大安全风险起到内生性的保障作用。

综上所述，通过对人力、财力、物力因素，信息和技术因素，组织管理因素和安全文化因素等重要影响因素的梳理，分析防范化解重大安全风险需要构建的主要因素，对防范化解重大安全风险协同治理保障机制的构建提供了内外部影响因素的参考，提高了保障机制构建的科学性和规范性。

第五节　构建防范化解重大安全风险协同治理保障机制的对策

为保障重大安全风险协同治理效能的提升，在前文对防范化解重大安全风险协同治理保障机制的现状分析、意义阐述、影响因素分析以及遵循原则的基础上，需要进一步补短板、堵漏洞、强弱项，提高应对突发重大公共安全事件的能力和水平。

一、建立制度保障系统

从制度上优化保障机制，需要立足全局，从长远出发，注重机制的可操作性和可持续发展。进入新时代，我国组建了应急管理部以统筹协调和指导各地区、各部门加强应急能力建设，但"一部门主导、多部门协同"的新治理模式尚未完全形成，条块体制壁垒还未完全打破，对体制机制建设中有关机构设置、权责划分等方面进行规范约束的法律法规还不够完善，大部分实践工作主要靠行政协调而不是法律机制。需要以法律、制度等形式明确各层级、各部门的权力和责任，避免职能模糊和重叠，打造协调、联动、高效的合作模式。

我国宪法中对防治灾害作出了原则性规定，又依据宪法制定了突发事件应对法、防震减灾法、防洪法、消防法等，但在历次危机中却暴露出奖罚模糊、操作性不强、执行度不严等问题。比如，尽管国家总体应急预案体系建设成效显著，但部分地方政府未能做到及时对接，预案建设工作流于形式，不仅缺乏严谨的程序规范指导，还存在预案内容与实际有效联系不足、行动方案不够细致、多年未曾重新修订、预案实战演练不到位等问题，有待进一步强化应急预案的法律地位和实效检验机制。

要确保法律建设与体制机制建设和应急预案建设同步进行，以增强法律与整个灾害风险管理系统的融合性。一是要突出法律制度地位，坚持科学规范治理，加快完善和修订防灾减灾救灾相关法律法规体系，以法律制度明确各部门权力和责任，最大化避免职能模糊和重叠，增强内部配合。二是要提高法律的贯彻执行力度，确保各级政府和有关部门的权力和责任受到法律的严格规范和约束，确保政府与企业及其他社会组织的合作得到明确有效的法律保障，在灾害风险管理过程中对各方参与者做到奖惩分明。

此外，要建立与我国经济社会发展水平相适应，与持续提升防范化解重大安全风险的能力水平相匹配，面向应急管理工作现实需要的各类标准化工作管理办法，包括国家标准、行业标准、地方标准、团体标准与企业标准等。

二、健全组织保障系统

充分发挥中国特色社会主义制度优势推动应急管理体系和能力现代化。党的领导是中国特色社会主义的本质特征和最大优势。坚持党的集中统一领导，继承好党的优良传统，发扬好党的优良作风，运用好党的理论武器，将党中央、国务院关于应急管理工作的决策部署不折不扣地贯彻落实到各部门和地方各层级，确保落地见效。充分发动广大基层党组织和基层党员，探索建立安全生产风险隐患举报奖励制度，加强防灾减灾救灾知识技能宣传，推动构建社会广泛参与、各方共同努力的工作格局，把基层党组织建成维护公共安全的重要前哨和坚强堡垒。健全完善责任体系，压实地方各级党委、政府防灾减灾救灾的主体责任和安全生产党政领导责任、部门监管责任、企业主体责任，将相关工作纳入各级党委、政府的重点考核内容，强化督导巡查、追踪问效和执纪问责。

通过健全组织保障，不断加强我国重大安全风险防范化解协同机制中的信息共享与资源统筹机制。不断改善以往传统形成的"自然灾害与事故灾难割裂、灾种分割、部门分治管理"的状况，突破条块体制壁垒、形成"一部门主导、多部门协同"的新型治理模式。不断加强部门横向合作联动机制、信息共享机制和资源统筹机制。

重视社会力量参与，推进政民合作。充分发挥社区、企业和各种民间组织力量，增强社区内部灾害风险防范意识和自救互助能力，推动政府与科技企业、保险公司等合作，形成综合风险防范多元主体。建立健全军地协调联动机制，加强军地双方灾情动态通报和联合勘测，共同做好灾害监测预报、灾害事故信息通报、联合行动协调等工作。加强军地应急资源和力量协同保障，强化抢险救援行动中交通、通信、医疗、物资等各方面保障，进一步增强应急管理工作的系统性、整体性、协同性。从全人类的安全与福祉出发，通过联合国等多边合作渠道优化整合国际资源，促进各国、各地区共同探索全球变化及其导致的系统性灾害风险应对方案，在巨灾面前充分发挥国际救援和援助组织作用。

三、建立人力保障系统

加强各类专业救援队伍建设和风险防控管理人员队伍建设，支持、培育和发展相关社会组织与志愿者队伍，鼓励和引导其在防范化解重大安全风险中发挥积极作用。建立健全覆盖中央、省、市、县、乡镇（街道）、村（社区）的风险信息员队伍。居民委员会、军民委员会以及各类企事业单位应当设立专职的或者兼职的风险信息员。

在救援力量方面，加强综合应急。我国建立国家综合性消防救援队伍后，应继续推动部门性专业救援队伍的专业化、技术化，并促进国家队与各专业队的协调和合作，以提升应对复杂性灾害事故的能力。打造具有特色专长的专业救援队伍，突出各自在专业领域中的优势，尤其是要发展航空救援、水上救援、山地救援的能力。在灾害事故的处置过程中，特别是在专业性、技术性较强的灾害事故现场，必须遵循专业处置、综合救援的原则。

要加强央地合作和军民结合。我国应依托政府合同制消防员队伍和地方矿山救护队、危化企业的救援队伍等力量，组建应急救援的地方队，与国家队相互补充。此外，国家与地方就国家综合性救援队伍的调用、使用权限等问题应尽快制定明确的规定。随着地方应急管理改革的深入，消防与应急管理部门的关系界定不清会带来严重的协调问题。应急管理部门要结合新时代、新军改、新任务的特点，探讨如何发挥军队、武警、民兵预备役部队在抢险救灾、处突维稳中的作用，推动应急管理领域的深度军民融合。

此外，建立人力资源及人力资本高端智库平台，发起举办人力资本峰会，为联盟成员之间、跨部门跨行业之间的资源共享和协同合作创造良好环境，支持和鼓励应急管理相关协会、学会，高等院校、科研院所，企事业单位和社会组织，聚焦公共安全新技术、新产业、新业态和新模式，开展重大安全风险防范化解的科学研究和技术开发，建立合作机制，为重大安全风险的协同治理提供坚强有力的智力支撑。

四、完善财政保障系统

一方面，要不断完善政府的财政拨款，将其作为应急财政保障的基础。安排中央救灾资金预算，并按照救灾工作分级负责、救灾资金分级负担、以地方为主的原则，建立完善中央和地方救灾资金分担机制，督促地方政府加大救灾资金投入力度。健全发挥中央和地方两个主体积极性的体制机制，优化政府间事权和财权的划分。中央和地方政府要因地制宜，根据经济社会发展水平情况、事故灾难生活救助成本等要素，适时地采取财政措施，调整相应的风险防范和化解的政策及相关补助标准。

另一方面,积极借助市场化手段,尤其是在政府财政拨款之外,发展嵌入巨灾保险机制的重大安全风险解决方案。发挥保险等市场机制在防范安全风险中的作用,发挥自下而上的重大安全风险管理意识,完善应对事故灾难的金融支持体系。当前,我国在防范化解重大安全风险的保险方案制度安排方面虽然有试点、有实践,但较之国外成熟的巨灾保险制度体系,发展还较为缓慢。巨灾保险解决的是重大安全风险,而重大安全风险本身不具有商业保险公司可以经营、可以作为可保风险人的个人风险,不能够按照商业保险一般原理来解决。但是它又关系到国计民生问题,是政府需要承担的职责。此外,还应保障社会捐赠工作的有效运行,并且对保障资金的使用和效果进行监管和评价,实行闭环管理。

五、加强物资保障系统

建立集中管理、统一调拨,平时服务、战时应急,采储结合、节约高效的应急物资保障系统。健全统一的应急物资保障体系。合理规划、建设中央和地方应急物资储备库,完善应急物资储备库的仓储条件、设施和功能,形成应急物资储备网络。以国家、省、市、县、乡、村为基础,结合当前的网格化管理,加强基层乡镇(社区)的物资储备工作,保障应急物资的"最后一公里"。

制定应急物资储备规划,合理确定储备品种和规模,根据事故灾难特点、居民人口数量和分布等情况,按照布局合理、规模适度的原则,建立应急物资储备库,加强重点地区物资储备库的建设。制定完善应急物资质量技术标准、储备点建设和管理标准,完善应急物资发放全过程管理。在物资储备库的布点和规划建设方面,可加强军地合作,把军队军事物资储备的应急优势向地方释放。

健全应急物资紧急调拨和运输制度,建立与毗邻省市和地区的物资调剂供应渠道,并且在此基础上,健全应急物资征用补偿机制。健全应急物资监测网络、预警体系，在确保应急所需物资和生活用品及时供应的基础上，加强对物资储备的监督管理，防治储备物资被盗用、挪用、流失和失效，对各类物资及时予以补充和更新。

六、健全信息保障系统

健全应急通信网络，以共用通信网络为基础，合理组建专用通信网络，确保信息畅通无阻。建立有线和无线相结合、基础电信网络与机动通信系统相配套的应急通信系统，确保信息的畅通。强化现代科技在综合风险防范中的应用。依靠最新的科学知识来提高对各类风险形成机制与演变趋势的理解，依靠遥感、大数据、人工智能和高性能计算等技术进一步提升风险监测、预警预报和应急救援等工作的效率和质量。

健全应急广播电视和完善公用通信网络保障体系，在紧急状态下，应充分利用公共广播和电视等平台以及手机短信等手段及时发布信息，让公众知晓风险情况，通知群众快速撤离，确保人民生命财产安全。并且在事故灾难发生的特定时段，开通针对灾区的救助热线，搭建互联网精神健康服务平台。例如，运用手机微信的小程序、在线会话等即开即用的平台加强心理关怀，及时了解灾民的需求，为受灾民众提供远程指导和扶助，以便缓解灾民心理上的焦虑和恐慌情绪。借助人工智能、大数据技术等实现实时心理监测。年轻人喜欢在社交媒体上发布信息，网警可以运用现代技术手段，实时对各类社交媒体用户的发文内容进行监测识别，快速锁定具有潜在心理危机的灾区公众或一线工作人员，并给予及时精准的在线心理干预。

充分利用现有资源、设备，完善风险评估和数据共享平台，完善地区之间、部门之间的风险情况共享机制。利用《空间与重大灾害国际宪章》、联合国灾害管理与应急反应天基信息平台等国际合作机制，拓展灾害遥感信息资源渠道，加强国际合作。不断改进技术装备，建立健全公共安全应急技术平台，提升我国公共安全科技水平和保障能力。

七、建立监督评估系统

建立常态化的风险防控动力和监督机制。当前大部分防灾减灾救灾工作机制（如应急响应、社会动员、信息沟通和跨区联动等）都是在灾害真正发生后才开始启动，未落实到灾害发生前的常态化风险防控中。对有些地方政府和部门而言，开展风险防控工作的动力来源于领导重视、上级命令、应付突击检查等，工作效率和质量难以制度化常态保持。

加强对安全风险防范宣传教育与培训的普及性。2015 年，《中国公众防灾意识与减灾知识基础调研报告》显示，只有不到 4% 的城市居民在日常生活中做到了基本防灾准备，而 5 成农村居民从未参加过任何防灾培训。学校防灾减灾教育普及率相对较高，但大多数师生依然缺乏基本的应急避险、自救互救能力。近年来，尽管防灾减灾宣传教育力度不断加大，但与形成扎根于生活的防灾文化还有一定差距。宣教文广等有关部门要通过图书、报刊、广播、电视、新媒体等渠道，广泛宣传公共安全法律法规和预防、避险、自救互救、防灾减灾等应急知识，增强公众的安全意识和知识储备、社会责任感和自救互救能力。各有关部门有计划地对应急救援人员和应急管理人员进行培训，提升其应急能力。

此外，建立科学的奖惩机制。对防范化解重大公共安全工作中作出突出贡献的先进集体和个人给予表彰和奖励；对迟报、谎报、漏报和瞒报突发公共安全事件重要情况或者应急管理工作中有其他失职、渎职行为的，对有关责任人依法处置，构成犯罪的依法追究刑事责任。

第六章
防范化解重大安全风险协同治理评价机制

2020年,四川省政府在全年工作任务目标中明确将防范化解重大安全风险作为一项重要工作任务,按照工作部署,省应急管理厅也将重大灾害灾难的安全风险防范化解工作列为了今后重点任务目标,但目前全省还未建立重大安全风险的协同治理评价指标体系,没有形成重大安全风险的协同治理能力评价模式。因此,加强防范化解重大安全风险协同治理能力评价的理论研究,探索防范化解重大安全风险协同治理的评价指标体系建设,是准确评估、发现不足的有效措施,对于提升四川省防范化解重大安全风险协同治理能力具有重要的参考和指导意义。

第一节 防范化解重大安全风险协同治理评价内容

防范化解重大安全风险协同治理评价是判断和确认以政府为主导的多元主体在防范化解重大安全风险中的社会协同治理能力的过程。防范化解重大安全风险协同治理评价机制是协同治理机制的重要组成部分,其目的在于通过对防范化解重大安全风险协同治理能力的评价，发现协同治理能力和效果的优劣及存在的问题和不足，以便不断优化协同治理机制，提高协同治理能力与绩效。本章以治理能力为评价维度，力求构建一个能全面反映社会协同治理能力的评价指标体系与运行机制，为防范化解重大安全风险过程中的社会协同治理机制不断优化提供客观依据。本节针对自然灾害风险协同治理和安全生产事故风险协同治理两个方面来分析具体评价的内容。

一、针对自然灾害风险协同治理的评价内容

针对自然灾害风险协同治理，需要评价多主体协同开展全省自然灾害综合风险调查情况，针对地质灾害、气象灾害、水旱灾害、森林火灾、农业灾害等风险要素进行全面调查，突出对洪水、地质灾害和重点隐患调查与评估，摸清自然灾害风险隐患基础数据，完善自然灾害综合防治区划和分灾种防治区划，根据应用需要编制省级和市、县两级自然灾害系列风险图。针对自然灾害关键领域和薄弱环节，推动建设自然灾害风险调查评价工程，基本查清自然灾害风险隐患，编制自然灾害风险评价图。

在完善灾害防御应急协同联动机制时，评价灾害监测站点布局优化情况。推进强化监测基础设施建设，依托应急通信网络、公共通信网络以及感知网络，利用大数据、人工智能等技术手段构建针对自然灾害的监测预警体系，实现对自然灾害风险的全方位、立体化、无盲区动态监测、评估与趋势研判，为防灾减灾策略制定及指挥调度业务的开展提供信息支撑，提高多灾种和灾害链综合监测、风险早期识别和预警预报能力。评价覆盖到乡镇的气象、水文、地质、环境等监测站网布局是否优化；评价在森林资源分布集中、雷电敏感性高、火源控制难度大等重点区域和重点部位是否建设了视频监控系统，是否使用了红外探测技术、高清可见光视频技术、智能烟火识别技术，实现森林火情实时预警。

评价地方的防灾减灾能力。将各要素在多元参与、资源整合、服务提升三个维度展开并构成一个协同治理体系,评价跨部门、跨地域灾害监测预警信息共享机制的建设情况;评价提高全灾种、全流程突发事件预防和应急处置的智能分析研判能力;评价各地是否具有覆盖全面、专兼结合、精干高效、相对稳定的灾害信息员队伍,能否畅通社会公众灾害信息实时反馈渠道,提高政府灾情信息报送与服务的全面性、及时性、准确性和规范性。

加强应急预案应用和评估。评价应急预案评估方法与标准,推进常态化、制度化的应急准备评估,强化对各级政府、各有关单位的应急救援能力评估,发挥应急管理研究机构和专家的第三方评估机制,依据评估结果改进应急准备和应急救援工作,实现应急预案的动态优化和科学规范管理,保障应急预案的科学性、针对性、实效性。

二、针对安全生产事故风险协同治理的评价内容

针对安全生产事故风险协同治理,需要评价多主体协同开展矿山、金属冶炼、建筑施工、道路运输单位和危险物品的生产、经营、储存单位等重点高危行业领域安全生产风险监测预警。评价突发事件预警信息发布体系建设,包括是否健全预警信息发布规范标准,如何提升预警信息评估能力,是否完善电视、广播、报刊、短信、互联网、电子显示屏、村村通等预警信息发布渠道建设,能否协调统筹现有广播资源推进应急广播体系建设,能否实现全天候、全方位、全时段的预警信息发布和安全知识宣讲服务。

评价工业园区监管体制机制。包括是否明确职责分工,配齐配强专业执法力量,落实地方和部门监管责任;是否制定工业园区安全生产源头管控,规范工业园区规划布局,严格进园项目准入,合理布局工业园区内企业;是否建立工业园区风险分级管控和隐患排查治理安全预防控制体系;

是否开展工业园区整体性安全风险评估；是否按照"一园一策"原则，限期整改提升；是否完善公共安全设施，进一步提升工业园区本质安全水平。

评价隐患排查治理体系。包括是否有健全的隐患排查治理监督检查机制；是否有完善的相关行业领域重大事故隐患挂牌督办和隐患排查标准、整改验收和效果评估工作制度；能否落实重大隐患挂牌督办和隐患整改不落实追责制度；能否强化企业隐患自查自纠情况的监督检查。评价灾害事故直报制度包括是否有健全的重大灾害评估和事故调查机制；能否组织开展重大事故灾难科学考察与调查。

评价城市安全和建筑物安全。包括是否将城市安全韧性作为城市体检评估的重要内容，将城市安全发展落实到城市规划建设管理的各环节；是否开展全省房屋结构安全隐患大排查大整治；是否指导地方全面评估和排查利用原有建筑物改建为酒店、饭店、学校、体育馆等人员聚集场所的房屋安全隐患。

第二节　防范化解重大安全风险协同治理评价方法

常用的重大安全风险及协同治理评价方法有定性和定量两种，其中定性的方法主要有头脑风暴法、德尔菲法、问卷调查法、访谈法、列表法、文档信息法、流程图法。

头脑风暴法。这是风险识别最常用的方法，该方法的实施是非结构化的，参与成员可以口头上提出可识别所有风险。为了达到预期的结果，必须选择熟悉风险分析的参与者提供相关的文档，以及富有经验的主持人。

小组的主持人应该指定一个记录员来记录正在讨论的想法。一个有组织的头脑风暴会议，要求每个参与成员轮流提出一个想法，确保所有成员的参与。当然，在风险识别的阶段，并不要求通过头脑风暴法对风险进行深入的分析。

德尔菲法。这是一种利用书面函咨询形式的团体匿名思想交流过程的方法，实质是专家集体判定。这种方法是邀请专家就某一主题达成一致意见的一种方法。其大致流程是：在对所要评价的风险征得专家的意见之后，进行整理、归纳、统计，再匿名反馈给各专家，以便进行进一步的讨论，再次征求意见，再集中，再反馈，直至得到稳定的意见。这个过程经过几个回合，就可以在评价重大安全风险上达成一致意见。德尔菲法有助于减少数据方面的偏见，并避免了个人因素对结果产生不良的影响。

问卷调查法。这是运用预先设计的书面问卷向被选取的调查对象了解情况或征询意见的方法。在风险识别中，问卷调查通常采用开放型问答的方式，运用问卷调查法可以获得问题列表，进而找出特定领域的风险，开展协同治理。这种方法的局限性在于，人们天生不喜欢完成调查，也可能无法提供准确的信息。调查的价值可能难以确定，因为答案是主观的，或者是由于问题本身的焦点使得被调查对象反感。

访谈法。这种方法是指通过访谈员和受访人面对面地交谈来了解受访人的态度、观点和行为。可分为结构性访谈、非结构性访谈、半结构性访谈、小组访谈、个别访谈、面对面访谈、电话访谈、网络在线访谈等。在重大安全风险协同治理的评价中，常用到小组访谈，这是一种集体参与的方式，由一名或数名访谈员召集一些风险调查对象，就需要识别的风险与协同治理方式征求意见，它可以帮助确定重大安全风险的基本情况。访谈过程本质上是一个提问的过程，它受到主持人的能力和所提出的问题的限制。访谈法可以在头脑风暴会议之前或之后进行。

列表法。这是根据过去收集的信息来开发风险清单的方法。清单是一种快速识别重大安全风险的方法,如地质灾害点的风险、化工园区的风险等。由于所列风险清单只是源于过去的记录或经验,因此不应将检核清单视为完整反映了该区域的全部风险,应进一步了解由于环境变化而产生其他风险的可能性。风险清单通常是在类似的地区或类似情况下发现的风险列表,在使用这类信息时必须谨慎,以确保它与当前情况相关并适用。

文档信息法。这是收集关于某一特定风险主题的信息或数据的集合,即通过阅读与灾害或区域环境相关的文件、报纸、杂志、图书、资料等,从中获取有关的风险信息的方法。这些文档信息来源能帮助我们初步了解某一特定领域的重大安全风险,但由于文档信息只是对过去发生事情的记录,因此在使用任何基于文档知识的信息时,必须谨慎,以确保它与当前的情况相关并适用。例如,某重大工程施工现场新建施工人员住房,安全小组应主动到当地的地质、气象等部门去查找有关的地质和气象灾害的信息,结果得知该选址每年都多发洪灾。针对这一洪灾风险,安全小组建议重新选址或新建防洪工程避灾。

流程图法。这种方法着眼于项目或工作,根据不同的活动过程,对每一阶段和环节,逐个进行调查分析,找出风险存在的原因。例如,政府常常要组织各种活动,及各种后勤保障工作,就可以针对其过程,将过程中的每一阶段和环节分解形成流程图,再针对流程图中的阶段或环节查找风险源。

第三节 防范化解重大安全风险协同治理评价指标体系

防范化解重大安全风险协同治理能力评价包括评价指标、评价准则、评价技术方法、评价实施等基本要素。这些要素之间相互关联,彼此相互影响、相辅相成。研究防范化解重大安全风险社会协同治理能力评价体系，重点需要解决评价指标体系的设置、评价方法的选择、评价实施步骤的确定等问题。

协同治理评价是对现有的治理状态进行评价，不仅要考虑面临的重大安全风险现状、人类活动和自然环境变化导致的负面风险压力和积极正向的协同治理行为，还要充分体现三者之间的动态关系，从这一要求入手，结合指标体系构建的可行性、问题导向性、定性与定量相结合以及综合性原则，借用环境质量评价学科中常用的一种评价模型，选择"压力（pressure）—状态（state）—响应（response）"模型（简称PSR模型）作为评估的理论模型。PSR模型构造了压力、状态、响应三个维度的逻辑关系，体现各项工作之间的互动和平衡，通过该模型，可以相对科学地阐释多主体防范化解重大安全风险协同治理中的压力、状态和响应三个维度之间的关系。

一、防范化解重大安全风险协同治理评价指标体系的设计

研究防范化解重大安全风险协同治理能力评价体系，需要重点解决三个问题：一是评价指标体系的合理设置；二是构建合理规范的评价标准，选择科学、简便、适用的评价方法；三是确定合理有序的评价实施步骤。

结合文献梳理和具体风险治理实践中析出的相关指标，并考虑数据资料的可获得性，在构建指标体系时，层次设置尽量分明，从宏观到微观，自上而下、层层深入，对防范化解重大安全风险协同治理能力和绩效进行综合的分析和评价。

（一）评价原则

构建起科学、合理的评价指标体系，是防范化解重大安全风险协同治理评价研究的基础和关键环节。评价指标体系的涵盖是否完整、全面，层

次结构是否清晰、合理,直接关系到最终评价结果质量的好坏。因此,科学的评价指标体系必须遵循相应的评价原则,以明确指标选取的方向,确保不会出现偏差。

1. 综合性原则

防范化解重大安全风险协同治理是一个综合性的概念,表示协同治理主体之间各种协调关系的整合。在构建评价体系时应该要全面地反映出协同治理的效果,充分体现出与协同治理相关的各种因素,并将这些指标与具体的数据相结合,形成相互配合支撑、层次鲜明的有机整体。这是评价指标体系能否全面、完整地评价地方政府协同治理效果的关键。

2. 科学性原则

评价指标必须考虑到质量和数量的问题,若在指标设计中只是为了实现评价指标的全面性而忽略了指标的数量范围,则会造成分析过程的冗杂,失去了评价的代表性意义;如果只是关注了指标的数量,没有全面地把握指标的完整性,则会造成结果失真的可能。因此,在指标选取过程中,需要从科学的视角来衡量众多的指标,为避免指标间出现相互交叉重叠的现象,应选取具有代表性又能最大限度反映最终结果的指标。

3. 层次性原则

层次性也是评价指标体系构建的重要方面,根据需求的不同,各评价指标代表着不同层次的评价指标之间的关系和不同的价值。一般而言,一级指标重在综合,而二级、三级指标则相对具体。上层指标是对下层指标的综合概括,指导下层指标,下层指标则是对上层指标的分解,从而形成一个有序、系统的层次结构。

4. 可量化性原则

为了保证评价指标体系的适用性,所选取的指标必须可以度量,同时指标原始数据应该满足便于收集和处理的条件。可以存在不同的单位和不同的数量级,也可以在不同的时间段和不同的区域进行分析,那些相对抽象或只能做相对比较的指标适合做定性分析，却无法进行量化处理，从而客观性不足。为了确保整个评价分析的客观有效，在评价指标选取时应尽量选择可量化的指标。

5. 实用性与可操作性原则

对于评价指标体系而言，最重要的是在理论的指导下，可以运用到实际问题分析中，因此，指标的选取必须要强调实用性和可操作性。一方面需要考虑指标获取的难易程度，另一方面要考虑数据来源的稳定可靠性，一般都以现行的公开的权威资料为准，同时要确保这些数据指标能够有真正的实用价值。

（二）评价指标体系的设计

根据协同治理能力，设计有利于防范化解重大安全风险协同治理能力评价的指标体系。防范化解重大安全风险中社会协同治理能力评价指标体系的确定，要坚持以人为本的原则，以客观事实为依据，按照防范化解重大安全风险中社会协同治理的具体要求来进行，并要具有以点带面的指导性作用。

防范化解重大安全风险协同治理对多元主体参与的现实诉求，国家治理体系和治理能力的现代化要求，传统的治理主体单一、治理目标分散、治理信息不对称、治理模式低效、治理机制不全、治理绩效不高的治理体系已经不能满足和适应当下统筹发展和安全的需要，迫切需要构建基于安全社会建设，为满足公众日益增长的安全需求，在风险识别和研判基础上形成的以政府为主导、公众为主体、私人部门为骨干、非营利部门为补充的决策、建设与管理的防范化解重大安全风险协同治理体系。

依据防范化解重大安全风险协同治理体系内容，可以将防范化解重大安全风险协同治理体系分为以下几个维度：①治理主体参与度，其是防范化解重大安全风险治理最能动的要素，其发挥程度直接决定防范化解重大安全风险治理的绩效；②治理客体明确度，其是防范化解重大安全风险治理的基础,其他一切要素都要以此为基础进行构建及发挥作用;③治理模式运用度,其对防范化解重大安全风险的协同治理起着促进作用,应针对不同客体适用不同治理模式;④治理机制完善度,它保障着防范化解重大安全风险治理的正确方向以及矛盾的调处,是防范化解重大安全风险协同治理体系建设的重要一环;⑤治理信息共享度,没有信息共享难有高效协同;⑥治理资源整合度,其是防范化解重大安全风险的治理资源从分散到协同的重要指标;⑦治理环境促进度,环境要素为防范化解重大安全风险协同治理体系的构建提供了前提。①

二、防范化解重大安全风险协同治理评价指标体系的评价方法与步骤

(一)评价方法的选择

我们应选择有利于防范化解重大安全风险协同治理能力与绩效评价的技术方法。基于系统分析思想和数理统计方法,构建防范化解重大安全风险协同治理能力和绩效的评价体系;采取专家调查和实地考察的方法,建立定性分析指标体系;从定量的角度思考,使用层次分析法确定各评价指标的权重。

(二)评价实施步骤的安排

评价过程中,我们应确定有利于防范化解重大安全风险协同治理能力与绩效评价的实施步骤。第一步,将协同治理能力与绩效的评价指标划分为若干个层次,分层确定评价指标;第二步,依次计算各评价指标的权重;第三步,根据评价指标的体系构建和计算指标权重,完成绩效评价;第四步,

---

① 聂法良:《城市森林协同治理体系的协同度评价指标及应用——以青岛市为例》,《山东农业大学学报(自然科学版)》2015年第2期。

对防范化解重大安全风险中的社会协同治理能力与绩效进行实证评价分析。

三、防范化解重大安全风险协同治理能力评价指标体系的构建

(一) 评价指标选取的基本要求

防范化解重大安全风险中的社会协同治理评价指标选取应遵循以下原则。[①]

1. 系统性、关联性原则

评价指标体系是一个包含多个评价指标的复合系统，所以指标体系的构建要按照不同的属性，区分出不同维度来进行指标的选取。在指标体系中，每个指标的表述都应体现重大安全风险的特征，在选取指标的时候应该坚持选取标准的多元化。系统性、关联性原则要求在进行评价指标的选取时，从整体上来看待和处理评价对象，必须考虑评价对象的各个方面，包括社会、经济、文化、环境等各个因素。要把相互独立、相互联系的指标当作一个共同的有机整体，不要忽略任何可能对防范化解重大安全风险产生较大影响的指标。防范化解重大安全风险协同治理能力评价指标的选取，要构建一个相对完善的指标体系，因此必须考虑城市和农村，如果某一指标涉及农村有而城市没有，或者城市有而农村没有，这样的指标就要避免使用。如果确实要使用城市或农村单方面具有的指标，一定要经过科学的处理，应能够较好地反映防范化解重大安全风险城乡发展之间的差异及协调度。

2. 客观性、操作性原则

客观性原则要求所选取的指标能够进行客观观察，对一部分主观性指标，必须进行专家论证，使主观指标建立在客观基础之上。操作性原则要

---

① 刘卫平：《城乡统筹发展中社会协同治理能力与绩效评价——基于湖南长沙、邵阳两市城乡社会协同治理的实证分析》，《邵阳学院学报（社会科学版）》2016年第4期。

求各评价指标所观察到的结果必须能够经过处理变成实际的数据，所需要的数据必须是易于得到和整理的。同时，评价指标的设计要能准确地反映评价对象的现状，但又要能够预测事物发展的方向和未来。社会协同治理评价指标反映的是多元主体协同合作的实际绩效，在计算方法、计算过程、计算手段、计算权重、计算数据等方面必须可以相互参照。

3. 创新性、引导性原则

对防范化解重大安全风险进程中社会协同治理状况的评价是一个新的概念和现象，没有标准化的或者国际公认的指标可以借鉴。因此，这需要坚持创新性、引导性原则，立足我国防范化解重大安全风险发展实际，围绕城乡发展一体化的目标，大胆创新，科学论证，只要选取的指标能够反映社会管理的协同程度，哪怕以前没有任何人使用过，也要敢于使用。指标既要具有动态性，又要具有一定的稳定性，并可以长期保存和比较。建立防范化解重大安全风险中的社会协同治理能力与绩效评价指标体系，一方面是通过对目前社会协同治理状况的评价，另一方面也是通过对协同治理的经验分析，发现防范化解重大安全风险协同治理过程中存在的实际问题，为科学构建社会协同治理评价机制提供指导，因而指标必须遵循全面和引导的原则。

（二）评价指标体系的基本构成

1. 评价指标的确定

根据上述步骤和原则，从我国防范化解重大安全风险协同治理实际出发，构建层次分明的社会协同治理能力评价指标体系（见表6-1）。防范化解重大安全风险协同治理能力评价指标体系包括目标层、一级指标、二级指标。目标层就是防范化解重大安全风险协同治理能力评价；一级指标包含防范化解重大安全风险协同治理的公共服务协同供给能力、重大安全风险协同预防与化解能力、防范化解重大安全风险协同保障能力3个指标；每个一级指标包含3个二级指标，共9个二级指标。评价内容包含党委领导、政府负责、社会协同、公众参与;评价等级分为优、良、中、差四个等级。

表6-1 防范化解重大安全风险协同治理能力评价指标体系

目标层	一级指标	二级指标	评价内容	评价等级
防范化解重大安全风险协同治理能力评价	防范化解重大安全风险公共服务协同供给能力	宣传、教育、培训	党委领导政府负责社会协同公众参与	优、良、中、差
		风险识别与研判		优、良、中、差
		应急预案修订完善		优、良、中、差
	重大安全风险协同预防与化解能力	风险监测能力	党委领导政府负责社会协同公众参与	优、良、中、差
		风险预警能力		优、良、中、差
		风险处置能力		优、良、中、差
	防范化解重大安全风险协同保障能力	公共安全投入水平	党委领导政府负责社会协同公众参与	优、良、中、差
		公共安全防范能力		优、良、中、差
		公共安全物资保障		优、良、中、差

2. 评价指标的说明

我国总体安全形势趋于稳定,但随着经济、政治、文化、互联网、人工智能等的发展,各类安全风险依然存在。特别是随着工业经济规模迅速扩大,重大危险源数量与危害程度也大幅增加,导致我国安全事故风险加大。由于安全管理的疏漏和潜在风险的管控不足,导致近年来我国频发重大安全事故和道路交通安全事故,给人民生命和财产造成严重损害。因此,针对如何防范化解重大安全风险,需要进行评价指标的选取。

(1) 防范化解重大安全风险公共服务协同供给能力的指标说明

在问卷调查和专家访谈的基础上,针对防范化解重大安全风险公共服务协同供给能力中的宣传、教育、培训,风险识别与研判,应急预案修订完善进行指标选取。

(2) 重大安全风险协同预防与化解能力的指标说明

协同治理是强调多主体参与。为了有效协同预防与化解重大安全风险,通过人防、物防和技防,开展风险监测、预警和处置,因此,选取风险监测能力、风险预警能力和风险处置能力三个方面作为重大安全风险协同预防与化解能力的评价指标。

（3）防范化解重大安全风险协同保障能力的指标说明

在防范化解重大安全风险协同保障能力方面，应考虑在党委领导、政府负责、社会协同、公众参与下，选取公共安全投入水平、公共安全防范能力、公共安全物资保障作为防范化解重大安全风险协同保障能力的评价指标。

第四节 防范化解重大安全风险协同治理能力评价方法

防范化解重大安全风险协同治理能力的评价方法主要采用层次分析法，层次分析法可以应用在安全风险等领域。在安全生产科学技术方面，主要应用于煤矿安全研究、危险化学品评价、油库安全评价、城市灾害应急能力研究以及交通安全评价等方面。

一、基本原理和应用步骤

层次分析法是一种定性分析与定量分析相结合的多目标决策分析方法。层次分析法对于结构复杂的多准则和多目标决策问题的决策分析是一种有效的工具。层次分析法基本思想是基于问题的性质和目标，将问题进行层次划分，再对各要素按支配关系进行分组处理，构成上下有序的层次结构；通过两两比较矩阵的构建，确定同一层次内各因素的相对重要性，并确定该层次指标的权重。在同时考虑本层次和上层因素的权重的基础上，进行加权计算得到下一层次各因素即指标的相对权重，依次类推，直至最后一层。

运用层次分析法进行评价时，可分四步进行。

第一步，分析评价指标体系中各个指标的关联关系，建立层次结构模型。

第二步，对每个层次的各个指标关于上层指标中某一准则的重要性进行两两比较，并构建判断矩阵。

第三步，根据判断矩阵计算最大特征值和特征向量，确定各指标的相对权重。

第四步，计算各层指标对系统目标的合成权重并排序。

二、防范化解重大安全风险协同治理能力评价步骤

开展防范化解重大安全风险协同治理能力评价时，采用德尔菲法对有关专家学者进行问卷调查，得出构建模型所需数据。然后依据层次分析法"目标层—准则层—措施层"的原理，运用 Yaahp 软件，构建防范化解重大安全风险协同治理能力评估结构模型，进而建立判断矩阵，利用德尔菲法评价结果对判断矩阵赋值，通过软件计算后，检验判定矩阵一致性能否接受，从而确定各指标的权重。具体而言，通过如下步骤逐步展开实现。

第一步：构建层次结构。层次结构总体上由三层组成：目标层（最高层），指决策问题的预期目标；准则层（中间层），指影响目标实现的准则；措施层（最低层），指促使目标实现的措施。

第二步：构建两两比较矩阵。对于各级各项评价指标的权重确定，如果只是定性的结果，则常常难以被人接受，因而有学者提出一致矩阵法，即对同一层次的各指标进行两两比较；为尽可能减少性质不同的各指标相互比较的困难，可以采用相对尺度以提高准确度。

判断矩阵的元素 aj 用 1—9 标度法确定。实践应用中，因为 1—9 标度法只有 9 个不同的数字，而且心理学家认为成对比较的因素不宜超过 9 个，因此层次分析法中每一层最多不要超过 9 个因素（见表 6-2）。

表 6-2　判断矩阵元素 a_{ij} 中两相邻判断的中值的标度方法

标度数值	含　义
1	表示两个因素相比，具有同样的重要性
3	表示两个因素相比，一个因素比另一个因素稍微重要
5	表示两个因素相比，一个因素比另一个因素明显重要
7	表示两个因素相比，一个因素比另一个因素强烈重要
9	表示两个因素相比，一个因素比另一个因素极端重要
2、4、6、8	上述两相邻判断的中间值

倒数：指标 i 与 j 比较的判断 a_{ij}，则因素 j 与 i 比较的判断为 $1/a_{ji}$。

第三步：做一致性检验并计算各指标权重。

①根据专家评价打分构建判断矩阵。

②计算判断矩阵的最大特征根和特征向量，并进行归一化处理。

③计算一致性检验指标 CI。

一致性指标用 CI 表示，CI 越小，说明一致性越大。用最大特征值对应的特征向量作为被比较因素对上层某因素影响程度的权向量，其不一致程度越大，引起的判断误差越大。因而可以用 $\lambda-n$ 数值的大小来衡量 A 的不一致程度。定义一致性指标为：$CI = \dfrac{\lambda-n}{n-1}$

CI=0，有完全的一致性；CI 接近于 0，有满意的一致性；CI 越大，不一致性越严重。

④查随机一致性指标 RI（取值见表 6-3）并计算一致性比率。

表 6-3　平均随机一致性指标 RI 标准值

矩阵阶数	1	2	3	4	5	6	7	8	9	10
RI	0	0	0.58	0.90	1.12	1.24	1.32	1.41	1.45	1.49

⑤检验判断矩阵的一致性。

考虑到一致性的偏离可能是由随机原因造成的，因此在检验判断矩阵是否具有满意的一致性时，还须将 CI 和随机一致性指标 RI 进行比较，得出检验系数 CR，公式如下：

$$CR=CI/RI$$

一般认为，CR<0.10时，判断矩阵满足一致性要求，此时判断矩阵最大特征根对应的特征向量（归一化后）即为权向量。如果判断矩阵没有通过一致性检验，则需重新评价打分构建判断矩阵并计算各个指标的权重。

第四步：计算最下层对目标层的组合权向量，并做组合一致性检验，若满足一致性要求，则根据组合权向量进行决策。否则重新构建模型重复前三步。

在具体计算过程中，是使用山西元决策软件科技有限公司提供的Yaahp软件进行计算，通过建立评估模型，构建专家评判打分的判断矩阵，由Yaahp软件直接计算结果并进行一致性检验。注意，在定量评价时，首先要对数据进行标准化处理。对数据进行标准化处理，主要目的是把那些性质不同，因而不能直接进行比较的数据转变成性质相同、能够进行直接比较的数据。实际上是把数据从绝对状态转换成相对状态的过程。数据标准化处理往往包含数据同趋化处理和无量纲化处理。因为各观测指标的计量单位不同，不能直接比较，为了去除量纲不同数据的影响，必须对原始数据进行无量纲化处理。根据具体情况可能只使用其中的一种处理方法，也可能两种处理方法同时使用。

数据的标准化处理主要解决不同性质的数据不能比较的问题，对不同性质指标直接加总可能会抵消性质不同的特点，从而使分析结果出现错误，不能准确地描述不同作用力的综合结果，因此必须考虑变量作用的方向。把不同方向的变量转化为同一作用方向的变量，使综合评价结果能够正确反映事物发展的方向。同趋化处理，就是把逆指标通过倒数关系转化为与正指标方向相同的指标的过程。可以通过求倒数的方法将逆向指标转换成正向指标。

第五节 防范化解重大安全风险协同治理行为评价实证研究

根据前文中评价指标体系的选取和建立，以成都市防范化解重大安全风险为例，从协同治理能力角度，对协同治理能力评价进行实证分析。

我们以四川省成都市2020年防范化解重大安全风险领域协同治理为例，选取防范化解重大安全风险公共服务协同供给能力、重大安全风险协同预防与化解能力、防范化解重大安全风险协同保障能力三个维度，进行防范化解重大安全风险协同治理能力评价。通过调查问卷，确定成都市防范化解重大风险协同治理能力评价在以上三个维度的评价结果。问卷调查通过线上进行，在互联网上共发出调查问卷500份，收回有效问卷479份。为保证数据的可靠性，本次调查采取了匿名方式进行。问卷调查的统计结果见表6-4。

表6-4 成都市防范化解重大安全风险协同治理能力调查结果

目标层	评价层	评价对象	问卷调查结论			
			优	良	中	差
防范化解重大安全风险协同治理能力评价	防范化解重大安全风险公共服务协同供给能力	党委领导	115	196	134	34
		政府负责	96	201	125	57
		社会协同	76	172	139	92
		公众参与	67	177	172	63
	重大安全风险协同预防与化解能力	党委领导	185	155	94	45
		政府负责	206	121	88	64
		社会协同	170	139	85	85
		公众参与	176	160	76	67
	防范化解重大安全风险协同保障能力	党委领导	188	148	100	43
		政府负责	200	127	88	64
		社会协同	194	142	88	55
		公众参与	176	160	77	66

将以上问卷数据进行标准化处理后,得出每个评价指标不同选项的百分比,见表6-5。

表6-5 成都市防范化解重大安全风险协同治理能力调查结果

目标层	评价层	评价对象	问卷调查结论			
			优	良	中	差
防范化解重大安全风险协同治理能力评价	防范化解重大安全风险公共服务协同供给能力	党委领导	0.24	0.41	0.28	0.07
		政府负责	0.20	0.42	0.26	0.12
		社会协同	0.16	0.36	0.29	0.19
		公众参与	0.14	0.37	0.36	0.13
	重大安全风险协同预防与化解能力	党委领导	0.39	0.32	0.20	0.09
		政府负责	0.43	0.25	0.18	0.14
		社会协同	0.35	0.29	0.18	0.18
		公众参与	0.37	0.33	0.16	0.14
	防范化解重大安全风险协同保障能力	党委领导	0.39	0.31	0.21	0.09
		政府负责	0.42	0.27	0.18	0.13
		社会协同	0.40	0.30	0.18	0.12
		公众参与	0.37	0.33	0.16	0.14

根据问卷调查的结论,可以得到三个评价维度的评价矩阵,如下所示。

防范化解重大安全风险公共服务协同供给能力评价矩阵为

$$R_1 = \begin{bmatrix} 0.24 & 0.41 & 0.28 & 0.07 \\ 0.20 & 0.42 & 0.26 & 0.12 \\ 0.16 & 0.36 & 0.29 & 0.19 \\ 0.14 & 0.37 & 0.36 & 0.13 \end{bmatrix}$$

重大安全风险协同预防与化解能力评价矩阵为

$$R_2 = \begin{bmatrix} 0.39 & 0.32 & 0.20 & 0.09 \\ 0.43 & 0.25 & 0.18 & 0.14 \\ 0.35 & 0.29 & 0.18 & 0.18 \\ 0.37 & 0.33 & 0.16 & 0.14 \end{bmatrix}$$

防范化解重大安全风险协同保障能力评价矩阵为

$$R_3 = \begin{bmatrix} 0.39 & 0.31 & 0.21 & 0.09 \\ 0.42 & 0.27 & 0.18 & 0.13 \\ 0.40 & 0.30 & 0.18 & 0.12 \\ 0.37 & 0.33 & 0.16 & 0.14 \end{bmatrix}$$

用层次分析法，通过专家打分，计算评价层对目标层的权重，得到防范化解重大安全风险公共服务协同供给能力、重大安全风险协同预防与化解能力、防范化解重大安全风险协同保障能力三个指标的权重分别是 0.6483，0.2297，0.1220。

即：$W_1 = \begin{bmatrix} 0.6483 & 0.2297 & 0.1220 \end{bmatrix}$

根据上述结果，可以得出一级指标的排序为：防范化解重大安全风险公共服务协同供给能力、重大安全风险协同预防与化解能力、防范化解重大安全风险协同保障能力。

该矩阵的最大特征值为 3.0037，一致性系数 CR＝0.0036＜0.1，判断矩阵满足一致性要求。

同理，通过专家打分，计算评价对象对评价层的权重，得到党委领导、政府负责、社会协同、公众参与四个因素的权重分别是：0.4773，0.2880，0.1539，0.0809。

即：$W_2 = \begin{bmatrix} 0.4773 & 0.2880 & 0.1539 & 0.0809 \end{bmatrix}$

最大特征值为 4.0211，一致性系数 CR＝0.0079＜0.1，判断矩阵满足一致性要求。

$$B_1 = W \times R_1 = (0.4773 \quad 0.2880 \quad 0.1539 \quad 0.0809) \begin{bmatrix} 0.24 & 0.41 & 0.28 & 0.07 \\ 0.20 & 0.42 & 0.26 & 0.12 \\ 0.16 & 0.36 & 0.29 & 0.19 \\ 0.14 & 0.37 & 0.36 & 0.13 \end{bmatrix}$$

$$= (0.2081 \quad 0.4020 \quad 0.2823 \quad 0.1077)$$

$$B_2 = W \times R_2 = (0.4773 \quad 0.2880 \quad 0.1539 \quad 0.0809) \begin{bmatrix} 0.39 & 0.32 & 0.20 & 0.09 \\ 0.43 & 0.25 & 0.18 & 0.14 \\ 0.35 & 0.29 & 0.18 & 0.18 \\ 0.37 & 0.33 & 0.16 & 0.14 \end{bmatrix}$$

$$= (0.3938 \quad 0.2960 \quad 0.1879 \quad 0.1223)$$

$$B_3 = W \times R_3 = (0.4773 \quad 0.2880 \quad 0.1539 \quad 0.0809) \begin{bmatrix} 0.39 & 0.31 & 0.21 & 0.09 \\ 0.42 & 0.27 & 0.18 & 0.13 \\ 0.40 & 0.30 & 0.18 & 0.12 \\ 0.37 & 0.33 & 0.16 & 0.14 \end{bmatrix}$$

$$= (0.3986 \quad 0.2986 \quad 0.1927 \quad 0.1102)$$

因此，防范化解重大安全风险协同治理行为总体评价为

$$B = W \times R = (0.6483 \quad 0.2297 \quad 0.1220) \begin{bmatrix} 0.2081 & 0.4020 & 0.2823 & 0.1077 \\ 0.3938 & 0.2960 & 0.1879 & 0.1223 \\ 0.3986 & 0.2986 & 0.1927 & 0.1102 \end{bmatrix}$$

$$= (0.2743 \quad 0.3653 \quad 0.2499 \quad 0.1115)$$

根据以上分析，成都市防范化解重大安全风险公共服务协同供给能力的评价结果为"良"，重大安全风险协同预防与化解能力的评价结果为"优"，防范化解重大安全风险协同保障能力的评价结果为"良"，防范化解重大安全风险协同治理能力的综合评价结果为"良"。

本章初步构建了防范化解重大安全风险协同治理能力评价指标体系，根据专家的意见筛选合适指标，最终确定了评价指标体系，为防范化解重大安全风险协同治理能力评价分析打下基础。根据上述计算结果，应重点关注协同治理能力中的公共服务协同供给能力。如在成都市防范化解重大安全风险系统治理能力中，重大安全风险协同预防与化解能力评价较好，评价结果为"优"。

第七章

防范化解重大安全风险中协同治理机制的实践

协同能力是政府防范化解重大安全风险的体现，表现了协同治理主体及职能主体的自身及外部能力。[①] 应急职能主体依据其自身特点在应急决策和救援中发挥着各自的作用，通过各主体间的沟通，协调分工，构建协同网络，最终实现对重大安全风险的协同应对。从实践来看，地方政府在应对重大安全风险的协同治理机制中呈现出安全风险信息碎片化、部门分割的结构碎片化和法律法规政策碎片化的问题，存在协同治理机制不完善的缺陷。本章主要对2018年机构改革后新的应急管理体制背景下四川省防范化解重大安全风险的现实问题和实践进行探讨和经验总结，针对四川省在防灾减灾救灾、重大安全风险矛盾预防与化解、预防和处置安全生产事故、突发公共卫生事件防范化解四个方面，针对四大类突发事件分别选取了四个典型案例，从协同治理的主体培育机制、主体运行机制、保障机制、评价机制四个层面对四个案例进行详细分析，据此对四川省重大安全风险化解的协同治理机制的运行情况及其完善路径进行经验分析和总结。本章旨在运用案例研究、实地调研、文献查阅等方法，对地方政府部门防范化解

---

① 程铁军：《突发事件应急决策方法研究》，东南大学出版社2018年版，第81页。

重大安全风险协同治理机制的现状、行动、问题、困境进行归纳、分析、梳理、提升，揭示地方政府部门在防范化解重大安全风险协同实践中的问题、障碍及原因，探寻地方政府防范化解重大安全风险协同治理机制有效落实的实践运行，构建地方政府防范化解重大安全风险协同治理机制的基本路径，为完善地方政府部门应对重大安全风险的协同治理机制提供实践参考和借鉴。

第一节　防灾减灾救灾协同治理机制运行与优化

重大安全风险中的防灾减灾救灾即传统意义上的灾害应急管理，"主要是准备和应对灾害发生时的紧急情况，以及灾害发生后的恢复和重建，主要内容涉及预防和应对灾害以及灾后恢复的调查、评估、决策、规划（方案）、措施、组织和实施等。其重点是在灾害发生前后采取的行动对策、组织和管理资源、灾害响应和初步恢复，以减轻直接灾害和次生灾害损失"[①]。在灾害应急管理的过程中，各主体间的协同治理的机制、方式、效率就显得尤其重要。四川省凉山彝族自治州（以下简称凉山州）是四川省乃至全国自然灾害最为严重的地区之一，具有自然灾害种类多、分布区域广、发生频率高、因灾损失重等特点，特别是地震灾害风险极高、防御难度较大，防震减灾任务十分艰巨，防灾减灾工作面临不少困难问题。因此，本节将以凉山州冕宁县遭遇"6·26"特大暴雨灾害作为防灾减灾救灾的典型案例进行研究和分析，对地方政府在灾害应急管理过程中所体现出的协同治理机制的实践和面临的问题进行分析和评价，并据此提出优化策略。

---

① 崔鹏、吴圣楠、雷雨、张正涛、邹强：《"一带一路"区域自然灾害风险协同管理模式》，《科技导报》2020年第16期。

一、案例基本情况

（一）案例概述

2020年6月26日，凉山州冕宁县遭遇"6·26"特大暴雨灾害。6月26日19时至27日凌晨2时，凉山州冕宁、越西、甘洛等县局部地区持续出现强降雨天气，冕宁县城厢镇灵山寺雨量监测站监测数据为211毫米，1小时最大降雨量达74.5毫米。暴雨引发多地山洪、道路垮塌等次生灾害，造成冕宁、越西、甘洛3县19个乡镇受灾。其中，冕宁3个乡镇8个村2100户9880多人受灾，农作物受灾1017公顷，成灾721公顷，绝收209公顷；房屋倒塌174户661间，严重损坏房屋138户435间；直接经济损失7亿余元，造成20人遇难、2人失联。其中，彝海镇大马乌村、大堡子村17人遇难；高阳街道辖区内冕宁高速路匝道出口下方国道248线在暴涨河水持续冲刷下突然发生垮塌，2辆过往车辆坠河，10名乘载人员中，3人遇难、2人失联、5人获救。

灾情发生后，四川省委、省政府高度重视，省委、省政府领导先后作出批示，要求千方百计搜救被困群众，保障群众和救援人员生命安全。州长、副州长第一时间带领州级相关部门人员赴冕宁指导开展抢险救援和抗灾救灾工作，组织力量疏散转移危险区群众、全力搜寻失联人员，并于6月28日到灾区指导住房排险和安全鉴定等工作。州、县第一时间分别启动三级、二级响应，州委、州政府现场成立联合指挥协调领导小组，指导冕宁县开展应急处置工作。凉山州本级财政及时划拨冕宁抢险救灾资金500万元，发放帐篷、折叠床、棉被、防寒服和口罩等救灾、防疫物资支持冕宁抢险救灾。冕宁县紧急转移安置人口1778户5660人，其中集中安置80人，分散安置5580人；成功营救受灾群众218人，其中灵山景区53名被困游客全部安全转移。

（二）案例背景

在冕宁县"6·26"特大暴雨灾害发生时，凉山州的防灾减灾救灾已经具备以下成熟的环境和条件。

1. 具备常态化地质灾害防治机制

因为处于灾害频发的自然环境中，凉山州在长期的灾害防治中已经形成了常态化的地质灾害防治机制，坚持条块结合、横向到边、纵向到底的原则，在灾害频发的时节定期对城镇、村庄、学校等人口聚集区，交通、水利等重大基础设施，以及沟口、沟边、崖下等危险地段进行全面排查，对已发现的隐患点逐个核实，对已销号的隐患点回头检查，对可能成灾的隐患点科学防治，确保遇有重大灾害性天气和险情能够及时避灾。在此案例中，常态化地质灾害防治机制的培育发挥了重大作用。在冕宁县"6·26"特大暴雨灾害发生前（6月23日），州政府在前期工作的基础上，召开全州防汛减灾和地质灾害防治工作视频调度会，对端午节期间防汛减灾工作进行再部署和落实，并于6月23日、25日、26日对17县、市、州级有关部门值班值守情况进行了抽查检查，督促工作落地落实。常态化地质灾害防治机制的建立和落实，为及时预警并有效应对冕宁县"6·26"特大暴雨灾害提供了扎实的基础和条件。

2. 具备较为完整的主体培育制度体系

凉山州已制定并实施《防灾减灾救灾体制机制改革的实施意见》《关于加强应急救援管理体系建设的指导意见》等政策文件，《县市地震应急演练制度》《地震应急工作检查制度》等制度文件，以及抗震救灾指挥系统《应急处置规程》《应急卡》《地震应急流程图》等技术规程，初步构建起标准化、模块化的应急指挥体系。

3. 初步建立起防灾减灾救灾主体的激励机制

凉山州从2011年起在全省率先开展县市防震减灾目标责任考核，将地震应急救援工作纳入重要内容。建立起主体考核激励机制与合作交流机制，州政府与凉山重型机械协会等 5 家社会组织签订合作协议，开展协作合作 10 项。健全地震会商机制，制定每周、每月及半年、年度震情会商和加密会商等制度，强化风险研判会商，提高地震趋势判定的科学性、时效性和准确性。

二、案例分析

（一）地方政府防灾减灾救灾的实践经验

在该案例中，体现出地方政府在防灾减灾救灾协同治理主体运行机制中已经具备完善的指挥主体运行机制、预警信息发布机制和地质灾害防治的应急预案运行机制。主要体现在以下六个方面。

1. 指挥主体运行机制反应灵敏、行动迅速

具体来看，当时州、县各级各部门领导的决策部署和行动：从 26 日灾害发生前，到 27 日灾害发生后，从省级到州级的各级各部门领导都及时采取措施应对灾害的发生，各部门之间也做到了及时有效的协同合作。26 日 16 时 30 分，州政府主要负责领导组织召开视频调度会商会议，对各县市防汛减灾工作情况进行抽查检查，对监测预警预报、隐患排查整治、临灾避险避让等工作进行紧急部署。20 时、21 时州地灾办、州防汛办分别对重点县市进行调度。22 时 50 分州政府总值班室接报水情预测预警信息，州长和常务副州长立即作出批示，要求加强会商调度做好预警预报，督促各地落实好防范措施，对可能影响群众生命财产安全的实施提前避让。27 日凌晨起，州政府副秘书长在州政府总值班室指挥调度。3 时 9 分州政府总值班室接报冕宁县强降雨灾害报告，常务副州长立即作出批示，要求冕宁县在确保救援人员安全的前提下，全力救援被困群众，防范次生灾害发生，并带领州政府办、防汛办、地灾办、应急管理局、凉山消防救援队等部门负责

人先期赶赴冕宁灾区，州长随即赶赴冕宁指导抢险救灾工作。21时左右，冕宁县分管领导先后到指挥部会商中心调度指挥。21时42分，县委副书记、县防灾指挥部指挥长要求各乡镇（街道）立即组织山洪灾害专题会商、安排避灾防灾工作，及时转移受威胁群众。县防办根据雨量和气象信息启动山洪灾害防御应急响应，发布信息并通知高阳、彝海、大桥等乡镇（街道）做好群众避险转移工作。23时20分，启动预案并按二级应急抢险开展抢险救援工作；23时50分，副县长、县指挥部副指挥长带队前往彝海镇督促预案落实执行情况；23时55分，冕宁县启动防汛抗旱Ⅱ级应急预案。

凉山州领导班子的及时行动和紧急部署，县级领导以及各部门的迅速反应和行动，体现出地方政府主体防灾减灾救灾中指挥运行机制的灵敏反应和成熟。案例分析显示，在州县（市）一级已经具备比较完善的应急委和抗震救灾指挥部，已建立州县（市）应急管理局，保留州县（市）防震减灾部门独立设置；已建立起由州政府分管领导任指挥长、相关部门负责同志组成的指挥体系，形成了政府主管、部门分工合作、社会广泛参与的防震减灾主体机制。

2. 预警信息发布机制运行及时有效

一方面，及时向受灾县、乡（镇）、村发布预警信息。6月26日，州防汛办、州地灾办、州气象局连续发布预警信息后，冕宁县防汛办立即发送雨情信息到乡镇、村组，26日17时20分到20时45分累计预警6次，发布预警信息4800条，22时11分到24时累计预警3次，发布预警信息3200条。冕宁县气象局于26日17时4分、21时32分、22时44分、27日零时9分连续4次发布雷电黄色预警信号、暴雨橙色预警信号。同时，冕宁县相关领导开始组织调度灾害防御工作。18时8分，接到雨情信息后冕宁防指副指挥长组织召开会商会，对高阳、大桥、惠安、彝海、若水、棉沙6个乡镇（街道）党政主要领导和2个山洪危险区责任人值班值守情况进行抽查，要求各乡镇（街道）对辖区内山洪灾害危险点责任人进行抽查，并对防汛工作进行了安排部署。另一方面，向其他县域发出预警信息，防止受灾面积扩大。6月26日16时25分，根据州气象局天气预报，州地灾办向冕宁、甘洛、越西、雷波、美姑、喜德6县发布了二级地质灾害气象风险预警，向其余11县市发布了三级预警，州防汛办也及时发布预警信息，要求各县市加强巡查排查、监测预警、值班值守，切实将防灾责任和措施落实到岗到人，搞好主动避让、提前避让和预防避让。

3. 及时启动地质灾害防治的应急预案运行机制

灾害发生后，州县第一时间分别启动三级、二级响应，州委、州政府现场成立联合指挥协调领导小组，指导冕宁县开展应急处置工作。州上安排资金500万元支持冕宁抢险救灾，州县共调集公安、消防、武警、民兵等专业力量1106人参与救灾，投入装载机、挖掘机、大货车等机械21台（辆）。经全力救援，高阳街道、彝海镇、惠安镇、大桥镇共转移群众1816户8200人，灵山景区、彝海镇成功营救景区被困游客53人、工作人员2人、当地群众163人。高阳街道、彝海镇共设立6个集中安置点，安置受灾群众5660人，8名受伤人员得到有效救治。28日上午，州委、州政府召开全州防汛减灾救灾紧急会，30日下午州政府召开常务会，传达学习了习近平总书记对防汛减灾工作的指示精神和李克强总理及中央、省领导批示要求，安排部署了当前和下一步防汛减灾救灾工作。使得失联人员搜救、转移安置群众生活保障、遇难人员善后、灾情核查评估、灾后自救重建等工作有力有序推进。

4. 救援物资准备充足

在冕宁特大暴雨灾害前，州级救灾物资储备情况为：棉被49552床、棉帐篷1120顶、单帐篷1118顶、折叠床2650张、防潮垫4300张、雨衣4950件、棉大衣8010件、成人防寒服7808套、儿童防寒服1422套、成人单衣裤6400套、睡袋5000个、棉鞋4800双、应急照明设备20套。其中代省应急管理厅储备应急物资：棉被40000床、单帐篷1000顶、棉大衣8000件。

6月中旬，州减灾委办公室前置冕宁县单帐篷100顶、棉被1000床、折叠床200张。冕宁县共安排应急物资储备相关资金1047万元，新增临储大米700吨、临储油50吨，采购1000件棉被、500件棉衣。共储备棉被8169床、单帐篷1040顶、折叠床1627张、防潮垫1054床、防寒服等共计16239件（套）、棉帐篷和军用帐篷40顶、棉鞋108双。在县城设立1个总物资仓库，彝海、锦屏等8个重点乡镇设立了8个中心仓库，库存防洪口袋10.65万条、麻袋4000条、铁丝13.45吨、铁丝网21250平方米、钢筋网袋650套、钢筋笼10个、对讲机15部、全方位工作照明灯1套、发电机1台、救生衣8件、安全帽40顶、无人机1架、抛投器1套、雨衣雨具110套、手电筒110把。

5. 上级单位物资补充及时

冕宁县特大暴雨灾害发生后，州上紧急向冕宁县调拨单帐篷500顶、棉被4400床、折叠床900张、成人防寒服2000套、防潮垫900张。冕宁县委、县政府在抓紧搜救失联人员的同时，千方百计帮助灾民解决基本生活问题。27日起，为灾民提供了馒头、面包、蛋糕、矿泉水等食物，当晚搭建起108顶救灾帐篷，并发放了棉被等御寒物品，当天就实现了受灾群众有饭吃、有衣穿、有干净水喝、有安全住处、有病能医治。从28日起，每天都能向临时安置点的群众提供热饭热菜。初期，由于物资调拨、路途运输等原因，安置点出现过短暂的口罩、消毒水等防疫物资紧缺的情况，但很快就得到了改善。

6. 信息发布渠道畅通

冕宁县针对灵山、彝海等景区制定印发了《景区管理局防汛减灾应急预案》，督促相关企业制定了《四川能投彝海文化旅游发展有限公司汛期、地质灾害综合应急救援预案》《四川省攀西灵山旅游投资开发有限公司灵山景区、灵栖旅游度假区防汛抢险应急预案》。县气象局先后于26日19时23分、21时32分向灵投公司负责人发送了暴雨黄色、橙色预警信息。灵投公司安排酒店安保人员加强监测预警。防汛办、地灾办和气象部门的预警信息能通过各种平台及时准确发布、推送、通知到相关责任人。相关责任人再通过各种方式传达到每个群众。渠道是畅通的、条件是具备的，但由于服务范围较广、涉及群众较多等，有时预警信息传递不够及时准确。

（二）地方政府防灾减灾救灾中面临的问题

凉山州是全国自然灾害最为严重的地区之一，灾害种类多、分布区域广、发生频率高、造成损失重，加之基础设施建设欠账多、应急管理能力弱、抢险救援成本高，此次暴雨灾害事件暴露出一些地方政府在防灾减灾救灾协同治理中面临的问题和困境。

1. 应急资金保障有限

根据《四川省应急救援能力提升行动计划（2019—2021年)》对应急专业设备和常规装备建设要求，凉山州本级和17县（市）应急指挥中心建设资金和森林扑火队、消防救援队伍应急救援装备经费投入均不足，资金缺口较大。由于凉山州及所属县基本属于"吃饭型"财政，财政自给率低，可支配财力极其有限，加之全州大部分地区刚脱离区域性绝对贫困，乡村振兴任务艰巨，在总体资金供给能力极其有限的条件下，地方政府应急救援能力建设投入压力大，防震减灾基础依然薄弱，有近1/3的县未开展城市活动断层探测工作。

2. 乡镇（街道）应急机构建设有待加强

机构改革后，乡镇（街道）一级没有相应的应急管理机构，亟须在乡镇（街道）一级建立应急（安监）站（所），配备专职应急（安监）工作人员，夯实应急管理工作基层基础。

3. 应急机构人员编制欠缺

目前，凉山州大部分县级防震减灾机构仅有3～4人的编制，而各级机构却承担着全州414个地震监测台站24小时不间断运行保障与质量管理，以及抗震设防监管执法等工作，工作力量与任务要求极不相称。

4. 应急能力不足

应急仓储布局、应急物资储备不能满足救灾需求，应急队伍标准化建设参差不齐。

三、优化防灾减灾救灾协同治理机制的对策建议

（一）完善各主体防灾减灾救灾的协同机制

一是按照党政同责、一岗双责、齐抓共管、失职追责的要求，把防灾减灾救灾工作放在首位。党政主要领导要承担起本地区防灾减灾救灾工作第一责任人职责，分管领导负责具体管理和落实任务。二是全面形成协调联动的工作合力。强化会商研判，建立健全多部门定期不定期会商机制，切实做好大江大河、山洪灾害危险区的精细化预报，提前采取防范应对举措。各有关部门要严格落实工作职责。林草、水利、自然资源等部门要发挥好"前端"作用，依法依规承担相关行业领域的灾害监测、预警、防治工作及抢险救援的技术保障工作；应急管理部门要发挥救灾处置作用，加强组织协调和监督指导，强化综合预防，统一组织、指挥、协调自然灾害类突发事件应急救援救灾工作；发改、经信、公安、教育、住建、交通、气象等部门要各司其职、密切配合、整体联动，形成工作合力。三是切实打通基层灾害防治工作的"最后一公里"。深入基层一线宣传防汛防洪、应急避险、森林防火、风险防范等知识，与其他工作共同推进和落实，做好宣传工作。

（二）加强应急救援协同治理机制建设

一是推进各县市做好地震应急预案修订和完善。各县市每年至少开展一次防震减灾应急实战演练，加强救援力量建设，完善州、县、乡三级救

灾物资储备体系，抓好应急避难场所建设，确保一旦出现灾害，能够第一时间有力有序进行应急救援，最大限度减轻震害损失。二是完善风险防范化解的预警监测机制，持续开展安全生产检查巡查督查和"十大专项整治"，加强风险评估和监测预报，加强对危化品、矿山、道路交通、消防等重点行业领域的安全风险排查，提升多灾种和灾害链综合监测、风险早期识别和预报预警能力，真正把问题解决在萌芽之时、成灾之前。三是全覆盖排查整治安全隐患，抓好江河、城镇防汛。按照党政同责、一岗双责、齐抓共管、失职追责的要求，压紧压实州县乡村组点六级防灾责任。严格执行汛期领导带班和24小时值班制度，定期不定期对各县市、各部门单位值班值守情况进行视频点名、电话抽查，尤其是对地灾风险隐患点、各类水库、山洪危险区等重点部位、重点设施值班值守情况进行全覆盖抽查检查，确保各项部署要求落实到基层一线、操作层面。

（三）抓好应急救援队伍机制建设

一是打造一支专常兼备、反应灵敏、作风过硬、本领高强的应急救援队伍。按照就近调配、快速行动、有序救援的原则规划建设区域救援中心，开展基层应急救援队伍和政府专职消防力量标准化建设，确保数量充足。二是提升应急管理装备技术支撑，加快推进州应急指挥中心和各县（市）应急指挥中心建设，抓紧推进停机坪、直升机临时起降点项目建设，大力支持武警凉山支队、州消防救援支队、州森林消防支队的技术装备建设，不断提高应急管理科学化、智能化、精细化水平。三是做好安全教育体系建设，坚持社会共治，持续推动安全宣传"五进活动"，普及安全知识，培育安全文化，开展常态化应急疏散演练，积极推进安全风险网格化管理。

（四）强化落实保障机制建设

一是加强隐患排查。加强常态化、动态化、全覆盖的隐患排查，对排查出的隐患问题及时进行整改，对一时无法整改到位的，逐一落实好应急防范措施。二是完善汛期灾害风险会商制度，坚持强降雨期间"一日一会商""一日一调度"，及时准确发布灾害性、突发性、极端性天气预测、预报、预警信息。三是组织实战演练。按照实战化要求，全覆盖开展临灾避险应急演练，切实提高广大群众汛期安全防范意识和紧急避险能力，教育组织群众有序转移、科学转移。乡镇、山洪危险区、水库电站、在建水利工程组织开展实战演练，确保基层干部群众熟知灾害来临时的应对举措。四是加强技术培训。组织开展防汛抗旱应急预案编制、群测群防、物资管理在线培训，督促各县（市）加强防灾救灾专业知识培训，切实提升各级责任人的防灾避灾和救灾能力。五是备足防汛物资。在现有库存的基础上，提高上级经费支持，补充物资数量和品种，满足防大汛、抢大险、救大灾的需要。

第二节　社会矛盾预防与化解协同治理机制运行与优化

党的十八大以来，以习近平同志为核心的党中央提出要做好预防化解社会矛盾工作，从制度、机制、政策、工作上积极推动社会矛盾预防化解工作。重视从源头上预防社会矛盾，将预防社会矛盾工作建设提升到一个新的战略高度，强调从源头上预防社会矛盾。习近平总书记指出："要推动更多法治力量向引导和疏导端用力，完善预防性法律制度，坚持和发展新时代'枫桥经验'，完善社会矛盾纠纷多元预防调处化解综合机制，更加重视基层基础工作，充分发挥共建共治共享在基层的作用，推进市域社会治理现代化，促进社会和谐稳定。"[①] 由此可见，社会矛盾预防与化解是新时代有效治理社会问题、保持社会和谐稳定的重要路径。其中，解决社会矛

---

① 《习近平谈治国理政》第四卷，外文出版社2022年版，第295页。

盾的主体间的协同治理机制建设尤为重要。因此,本节选取具有代表性的社会矛盾预防与化解实践案例进行分析,对地方政府在社会矛盾预防与化解中所体现出的协同治理机制的实践和面临的问题进行分析和评价,进一步提出主体间协同治理的优化对策和建议。

一、案例基本情况

(一)案例概述

2021年5月9日19时8分,成都市公安局110指挥中心接报警称:在成都四十九中学校内有人从楼上摔下。成都市公安局成华区分局跳蹬河派出所、刑警大队立即出警到达现场处置,并在该校实验楼与体育馆之间的人行道上发现一具男性遗体,在遗体北侧绿化带内发现一副眼镜,在遗体右臂处有一把美工刀。后经该校老师确认,该男子为成都四十九中16岁学生小林(化名),成都市第六人民医院急诊科于18时56分接到出诊指令,之后一车4人于19时6分到达坠楼现场紧急施救,发现小林已无生命体征。之后救护车于19时31分回到医院,结束出诊。后经120现场诊断,该学生确已无生命体征。小林出事后,家属约2个小时才接到校方通知,网络上出现"学校故意拖延隐瞒""救护车没有及时赶到救治""孩子遗体被火化了"等舆情。10日下午,成都四十九中在其官方微博上面发布回应称,学校已成立工作组,全面配合调查工作,并全力做好善后事宜。11日凌晨3时54分,成都市成华区教育局官方微博发布《关于成都四十九中一学生坠亡的情况通报》称:排除刑事案件。至此,此事件已经在网络上受到很多公众关注,但是公众最为关注的两个疑问,在官方通报中没有得到解释:一是为什么唯独出事这段时间的监控视频不见了,仿佛摄像头具有人工智能的高级功能一样,懂得在不该"看"的时候"闭上了眼睛"。二是学校附近就有多所医院,救护车却迟迟没有赶到现场,其间究竟发生了什么？舆情不断发酵，导致11日晚开始有群众在四十九中学校门口聚集，手持白花，喊着口号。11日晚，成都市公安局成华区分局官方微博发布警方通报：经现场勘验、走访调查、调阅监控、尸体检验等，认定四十九中高二学生小林系高空坠落死亡，排除刑事案件，并告知家属，家属对调查结论无异议。13日，媒体深度还原成都四十九中学生坠亡事件；同日，小林父母在小林遗体处理意见上签字同意后，小林遗体在成都殡仪馆火化。

（二）案例真相

经公安机关勘验，小林坠楼起点位于该校实验楼4楼与体育馆之间的连接平台。在坠楼起点南侧的平台地面上发现1处鞋印，在坠楼起点处护栏上发现1处踩踏痕迹，在护栏防护玻璃上发现1处踩踏痕迹，在护栏防护玻璃外侧提取到3枚指纹。经比对，平台地面足迹、护栏及玻璃上的踩踏痕迹与死者所穿帆布鞋鞋底花纹类型相同，护栏玻璃上指纹为死者所留。事发后，公安机关法医对小林的遗体进行了体表检验，遗体损伤主要为全身多处擦伤及骨折，鉴定损伤均为高坠伤。警方还介绍，根据理化检验结果，死者血液中未检出农药、鼠药、安眠药等毒药物，可排除死者中毒死亡。

针对网络质疑的关键监控视频缺失问题，警方调取的监控视频显示。9日18时16分小林从所在班级教室后门离开，至18时39分44秒小林出现在实验楼5楼走廊尽头，整个过程视频监控连续完整。18时49分28秒监控上出现小林的坠楼身影。由于小林生前攀爬进入的连接平台属于无人活动区域，未安装监控，所以从18时39分至49分，小林没有出现在监控视频里，但是现场脚印、攀爬痕迹等证据证明，此前没有其他人进入该平台。从监控视频中看到，小林还在18时24分53秒时进入学校负一楼水泵房，并在水泵房内手持一把疑似刀具的工具数次割左手腕，中间表现出垂头、摇脑、情绪低落等状态。在水泵房，小林共计停留约12分钟，其在手腕上当时已出现明显伤口。

针对学校不让家属看监控视频的网络质疑，因为相关监控是涉案（事）件证据，案发后，公安机关第一时间进行了调取封存，所以家属向学校申请查看，未能在当晚看到。10日11时许，小林父亲、亲友及律师等一行3人到公安机关查看了全部监控视频。

针对"救护车何时到达，遗体是否被擅自火化"的质疑，经调查发现，最早是一名食堂的员工发现有人躺在地上，该员工于18时56分拨打了120急救电话，19时8分拨打了110报警电话。成都市第六人民医院于18时56分接到出诊指令，之后一车4人于19时6分到达坠楼现场紧急施救，发现小林已无生命体征。之后救护车于19时31分回到医院，结束出诊。

针对"为何事发2个小时后才通知家长"的疑问，学校安全中心主任回应，学校报案后，组织班主任对学生身份进行辨认，但因学生头部受伤严重导致辨认困难，直到19时54分才确认死亡学生身份。班主任在辨认学生时受到很大惊吓，处于情绪失控状态。后来通过翻阅手册才找到了家长的联系方式，考虑到家长情绪的问题，在电话里没有直接说学生已经去世了。而且学校有3000余名学生、近千名住校学生，为了不影响学校正常教学秩序，9日20时44分，学校通知小林家长到学校旁边的跳蹬河派出所沟通协商。当天晚上9点多，学校相关领导和老师与小林父母见了面，小林的班主任由于情绪激动没有参与见面沟通。随后，公安机关按照非正常死亡案（事）件处置流程，将小林的遗体运送至殡仪馆法医检验室保存，不存在网传遗体被擅自火化的情况。

二、案例分析

社会矛盾的预防和化解主体主要指的是政府、民间智库、科研院所、社会组织、公民个体等具体承担预防工作的决策者和行动者。其中，政府发挥着领导、决策、组织、协调和动员的主导作用。协同理论将多元行为主体视为一个由功能和性质各异的子系统构成的系统,按照协同理论,预防社会矛盾应当是多元行为主体在共同参与的过程中形成的一个对外开放的网络系统,而不是传统意义上由政府单一行为主体"独唱"组成的封闭系统。[1] 从协同治理的视角来看,社会矛盾的预防和化解的主体培育机制不仅包括政府,还包括智库、科研院所、社会组织、公民个体的主体培育。该案例所表现出来的主要问题,就是在社会矛盾预防与化解中协同治理机制运行不畅所导致的。伴随着网络的扩张,网络舆论已经渗透到社会生活的各个方面,提高了民众对社会舆论的参与,对社会生活产生了深刻的影响,同时,从网络舆论事件中也体现出诸多社会问题。

(一) 网络舆论事件是社会淤积矛盾的爆发点

通过对热点网络舆论的跟踪分析可以看出,网络舆论事件的数量猛增,在一定程度上映射出社会紧张度正在上升,也引起网民的高度关注。这些社会矛盾往往包括以下几个方面:一是政府公务员存在违法乱纪行为。一些地方或部门的公务员违法乱纪行为一旦曝光,会影响政府在公众心目中的公信力,导致网络舆论的发酵,成为全国的社会热点。二是网络舆论涉及政法系统、城管队伍。这类事件主要涉及公检法、城管等政府部门,网上聚焦日益紧张的警民关系和不断发生的地方极端社会事件,可以看出民众的某种不满。三是涉及衣食住行等民生问题。这类事件涉及房价过高、费改税政策、养老保险制度改革、个人所得税改革、医疗体制改革、高考改革等公众最为关切的民生问题。四是社会分配不合理、贫富分化。公众对利益格局的调整和初次分配不合理问题的不适感不断增强,不满情绪日益积累,会发酵成网络舆情事件。

---

[1] 史献芝:《预防社会矛盾:理论框架与实现机制》,《理论探讨》2019年第4期。

（二）凸显了政府应对网络舆情的短板

从成都四十九中事件的网络舆情发酵到后来的群体性聚集事件发生，暴露出地方政府某些部门的管理职能滞后、应对不及时、民意表达渠道不畅等问题。当网络世界和现实的群体性事件叠加出现，又相互推进的时候，就给基层政府提出了全新的、更加严峻的挑战，而从此次教育部门和公安部门对网络舆论事件干涉的时机来看，仍然滞后。政府多是在事件成为网络舆情热点后才"千呼万唤始出来"，错过了改变舆情意见流向和正负态势的良好时机，造成舆论导向与事实发生严重偏离、网民负面情绪不断淤积高涨、别有用心者乘虚而入。同时，该案例还暴露出常规民意表达渠道仍然不够畅通的问题，网络承载着更多的民意表达、情绪宣泄功能，如果常规的体现政府公信力的民意表达渠道出现阻塞，民意表达就会被"挤压"到道德约束、行政约束、社会秩序约束相对薄弱的网络世界中来，以网络舆论事件的形式释放出来，使舆论焦点持续居高不下，最后导致现实世界中的群体性事件爆发。

（三）网络舆论事件易被操纵利用

成都四十九中事件表现出网民的虚拟民意表达更多是一种缺乏理智思考、饱含感性情绪的私人表达，网络舆论的参与者明显带有以下群体特征：冲动易变和急躁；易受暗示和轻信；群体情绪的夸张与单纯；群体的偏执、专横和保守；群体的道德滑坡。当这些群体特征和群体事件结合时，网络舆论作为传播途径使群体事件出现了交汇发酵放大的趋势，这些群体性事件经敌对势力通过网络、手机短信等新媒体进行组织、煽动，最终形成"一呼百应"的现象，并择时择机进行群体性聚集活动，以达到一些别有用心的目的。

三、优化社会矛盾预防与化解协同治理机制的对策建议

应对网络舆论事件、预防与化解矛盾,"堵"是不管用的,只能通过有效的化解和引导进行疏通。在此类广受关注的网络舆情事件当中,过程的披露与结果的通报同样重要。相关部门应正视舆情关切,及时披露更多事实,主动回应,避免由个体事件酿成严重舆情事件。

(一) 重视网络事件预警机制建设,增强政府应对能力

健全网络监控与预警机制,是保证网络舆情稳定和发展的指示器,是科学决策的可靠手段。纵观近年来因就业收入、房屋拆迁、安全生产以及资源环境等方面问题引发的数量不断增加的网络热点事件,从它们的发生、发展、处理结果来看,大多存在初期把握不足、监控不力的情况,以致出现错过控制和引导舆情最佳时期的现象。这就需要政府相关部门具备敏锐细致的观察能力,一方面要善于总结经验教训,把握一般规律,建立一套监控机制,控制影响范围和力度;另一方面要善于从一般情况中发现有用信息,及时捕捉其中的"敏感点"加强预防预警,把问题解决于萌芽之中,有效地抑制网络事件的发生,设立主管舆情的机构,及时对网络舆情的出现作出反应。

(二) 构建沟通对话机制,及时回应民众质疑

构建理性化的多种权益表达机制和沟通对话机制,可以让群众通过各种渠道及时充分地表达自己的权益要求,及时释放不满情绪,弱化社会矛盾。适时地根据民众意见作出政策调整,使社会张力得以释放。这些渠道包括:获取信息的权利,如信息公开制度,立法、执法和司法公开制度等;向政府表达意愿的权利,如申诉制度、信访制度等。在构建多种权益表达机制的同时,要注重社情民意和网络舆论的调查,反映民情、反馈民心,

从多方面及时把握社会心态，尤其关注低收入群体。要尊重和保障人民群众的权益表达，允许不同意见的表达。要关心弱势群体，帮助社会弱势阶层建立正常的、规范的权益表达机制。要及时回应公众关切或解答质疑，不给谣言散播的空间和时间。

（三）高度重视对特殊困难群体诉求的及时回应

一是及时回应受疫情影响较大群体的诉求和关切，加强对特殊困难群体的帮扶，保障特殊群体的基本生活，加强社会矛盾纠纷排查化解，确保社会大局稳定。二是加强对农村低收入人群的动态监测和帮扶，预防因病、因残、因突发事件等风险因素返贫致贫，建立防治返贫风险发生的监测预警机制，做好巩固拓展脱贫攻坚成果工作，为社会稳定构建良好的环境和基础。三是保障重点群体的就业，加强对劳动力的职业技能培训。对有就业意愿且有劳动能力的监测对象，增强职业技能培训，持续实施支持扶贫车间的优惠政策，保障无法外出务工的监测对象能就地就近就业。四是落实社会救助政策，解决好困难人群突发性、紧迫性、临时性的基本生活困难，防止因生活窘迫导致突破法律底线的违法犯罪、破坏社会稳定事件的发生。

（四）紧盯网络诈骗、非法集资等涉稳重点领域风险隐患

落实排查预警、源头稳控和依法处置措施，强化对邪教、吸毒、赌博等涉稳重点人群的管理和控制，畅通法律援助渠道，把各类矛盾隐患化解在萌芽状态、解决在初始阶段，积极防范化解社会风险隐患。

（五）高度重视移民集中安置点的社区稳定工作

要高度重视水电移民、扶贫移民的涉稳工作。尤其要重点关注民族地区易地搬迁集中安置点的社会治安问题，集中安置点多处于县城周边，移民人数众多、情况复杂多元，容易出现影响县城周边社会治安的

问题和情况。要落实好各项政策，畅通诉求表达渠道，做好解疑释惑工作，加快集中安置社区的基础设施建设进度，为经济社会发展营造和谐稳定的社会环境。探索建立民族地区城乡融合治理机制。融合民族风俗习惯和城乡社会治理特征，以易地搬迁集中安置点为试点探索建立民族地区城乡融合发展机制，加强安置点社会治安稳定保障工作，建立多元化民族城乡社区服务体系，确保搬迁群众和城镇原住居民享有同等的基础设施和基本公共服务。

第三节 安全生产事故协同治理机制运行与优化

安全生产事故，是指生产经营单位在生产经营活动（包括与生产经营有关的活动）中突然发生的，伤害人身安全和健康，或者损坏设备设施，或者造成经济损失的，导致原生产经营活动（包括与生产经营有关的活动）暂时中止或永远终止的意外事件。安全生产是保护劳动者的安全、健康和国家财产，促进社会生产力发展的基本保证，预防和处置安全生产事故具有非常重要的现实意义。2020年4月1日，全国安全生产专项整治三年行动启动，其任务在于落实企业安全生产责任体系、完善企业安全生产管理制度、完善企业安全风险防控机制和企业安全隐患排查治理机制。国家对预防和处置安全生产事故一直以来都非常重视，2016—2020年，我国每年因各类生产安全事故死亡总人数都在不断下降（见图7-1），从2016年的43062人减少至2020年的27412人，即便如此，每年安全生产事故仍然频发。因此，本节选取具有代表性的安全生产事故的现实案例进行剖析，对地方政府在预防和处置安全生产事故中所体现出的协同治理机制的实践和面临的问题进行分析和评价，进而提出安全生产事故预防和处置的优化措施及建议。

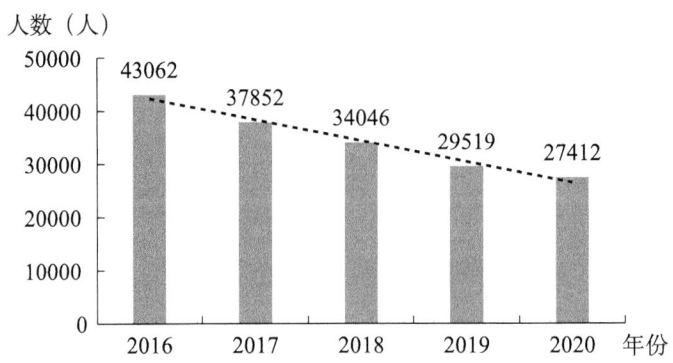

图 7-1 2016—2020 年全国每年各类生产安全事故死亡总人数

一、案例基本情况

（一）案例概述

2018 年 7 月 12 日 18 时 30 分左右，四川省江安县阳春工业园区宜宾恒达科技有限公司发生爆燃。宜宾恒达科技有限公司主要生产化工产品，周边是一家砂石厂，最初发生爆燃的是中间一栋建筑，事发时正值工人换班时间。事发后，宜宾市和江安县主要领导、分管领导率领安监、应急、公安、消防、卫计、环保、园区办等部门负责人第一时间赶往现场，开展应急救援和善后处置等工作。7 月 13 日凌晨，省长赴现场督促指导事故处置，抵达江安县实地查看事故现场后，主持召开会议并听取事故情况及地方和省直有关部门抢险救援工作安排，对救援救治和事故处置作出部署。事后，据应急管理部门统计，事故过火面积约 1800 平方米。消防部门出动了 42 辆消防车，200 多名消防官兵。直到当晚 8 时 42 分，才将现场明火扑灭。爆燃事故导致 19 人死亡、12 人受伤（受伤人员均无生命危险）。

（二）案例背景

工商资料显示，宜宾恒达科技有限公司成立于 2015 年 6 月 26 日。2016

年3月，该公司开始在江安县立项，向相关政府部门申请药物中间体的生产。2017年2月，四川省环科院科技咨询有限责任公司为"宜宾恒达科技有限公司年产2300吨化工中间体项目"编制了环境影响报告书，报告书在江安县工业园区网站上进行了两轮公示。其中显示，二车间报备生产的产品是5-硝基间苯二甲酸，可用作医用X光造影剂中间体。经过事故后的现场调查并进行专业的模拟实验，调查组初步推断，事故发生前，恒达科技实际生产的产品和项目备案、安全条件审查时申报的产品不一致。事故很可能始于恒达科技的二车间，经事故后检测发现，二车间内生产的产品与安全审查时申报的产品不同，且存在多种违规操作。安全生产涉及众多环节与因素，从企业的安全生产制度、安全使用设备规则、生产车间的安全设备配置、工人的安全意识、对工人的安全生产培训、机器设备的维护管理等环节都存在各种人为或自然因素而对安全生产带来威胁和影响。要对这些环节进行有针对性的管控，从而切实保证企业安全生产，保障人民生命财产安全。否则，其中任何一个环节的监管不到位，都可能导致安全生产问题。

二、案例分析

（一）预防和处置安全生产事故的实践经验

在该案例的事故处置中，省长提出了五个"要"：一要依法依规严格落实应急预案，对事故进行及时、有效、妥善处置，采取坚决措施，防止次生灾害发生和对生态产生不良影响。二要尽快查明事故原因，严肃问责追责；举一反三，深刻汲取教训，加强安全生产工作，杜绝类似问题再次发生。三要全力以赴做好救治工作，组织医疗专家，尽最大努力抢救受伤人员生命，让伤者早日恢复健康。四要深入细致做好遇难者家属的安抚工作，妥善处理善后事宜。五要及时做好信息发布工作，回应社会关切，确保社会大局稳定。这五个"要"高度精练地总结出我国各级政府预防和处置安全生产事故的有效经验和做法。总结起来具体有以下五点。

1. 具备较为完善的法律法规体系

为了加强安全生产工作，防止和减少生产安全事故，保障人民群众生命和财产安全，我国于2002年颁布实施《中华人民共和国安全生产法》，之后不断对该法进行修改完善，最近一次修改是在2021年6月10日，第十三届全国人民代表大会常务委员会第二十九次会议通过《全国人民代表大会常务委员会关于修改〈中华人民共和国安全生产法〉的决定》，自2021年9月1日起施行。新修改的安全生产法增加了诸多内容：一是增加了重大事故隐患排查治理情况报告、高危行业领域强制实施安全生产责任保险、安全生产公益诉讼等。二是健全了安全生产责任体系，强化了新问题新风险的防范应对。其中要求餐饮等行业使用燃气的生产经营单位安装可燃气体报警装置并保障其正常使用；要求矿山、金属冶炼建设项目和用于生产、储存、装卸危险物品的建设项目施工单位加强安全管理，不得非法转让施工资质，不得违法分包转包；要求承担安全评价、认证、检测、检验职责的机构实施报告公开制度，不得租借资质、挂靠、出具虚假报告。平台经济等新兴行业、领域的生产经营单位，应当根据本行业、领域的特点建立健全并落实全员安全生产责任制，加强从业人员安全生产教育和培训。三是加大了对违法行为的惩处力度，处罚金额更高、处罚方式更严、惩戒力度更大，对现行法规定的20万元至2000万元，提高至30万元至1亿元；对单位主要负责人的事故罚款数额由年收入的30%至80%，提高至40%到100%。根据最新修改的安全生产法，目前我国已经具有了较为成熟的预防和处置安全生产事故协同治理经验。

2. 建立起安全生产工作基本责任制度

政府是安全生产的监管主体，行业主管部门直接监管、安全监管部门综合监管、地方政府属地监管，党政同责、一岗双责、齐抓共管。企业则是安全生产的责任主体。在处置安全生产事故中，采取企业的各级领导、职能部门、有关工程技术人员和生产工人在劳动生产过程中，对各自职务或业务范围内的安全生产负责的安全生产工作基本责任制度。安全生产法明确提出要将加强安全生产基础设施建设和安全生产监管能力建设所需经费列入各级人民政府本级预算，要求生产经营单位建立健全并落实本单位全员安全生产责任制，加强安全生产标准化建设，组织制定并实施本单位安全生产规章制度和操作规程，组织建立并落实安全风险分级管控和隐患排查治理双重预防工作机制，及时消除生产安全事故隐患，组织制定并实施本单位的生产安全事故应急救援预案等保障生产经营单位安全生产的具体举措。

3. 构建了安全生产事故应急救援预案

为更有效地预防和及时处置安全生产事故，国务院于 2006 年 1 月 22 日颁布实施《国家安全生产事故灾难应急预案》，该预案对如何监控和预警事故灾难并紧急处置突发事故作出了具体规定。该预案规定，应急救援队伍主要包括消防部队、专业应急救援队伍、生产经营单位的应急救援队伍、社会力量、志愿者队伍及有关国际救援力量等。现场应急救援指挥以属地为主，事发地省（区、市）人民政府成立现场应急救援指挥部。涉及多个领域、跨省级行政区或影响特别重大的事故灾难，根据需要由国务院安委会或者国务院有关部门组织成立现场应急救援指挥部，负责应急救援协调指挥工作。预案对医疗卫生救助、应急人员的安全防护、群众的安全防护、社会力量的动员与参与、现场检测与评估、信息发布进行了规定。其中，对群众的安全防护最为详细，主要内容包括应急状态下群众疏散、转移和安置的方式、范围、路线、程序，启用应急避难场所，开展医疗防疫和疾病控制工作，治安管理等措施。充分保障了事故中群众的安全以及救援所需的医疗、装备、人员等条件的充足。

4. 重视安全生产宣传教育和舆情管理

各级政府越来越重视安全生产法律法规和安全知识宣传，大力开展安全法律法规、安全知识、事故警示等宣传教育主题活动，员工的安全防范能力和抵御事故灾害能力不断提高。同时，重视事故发生后的社会舆情管理，做好事故相关信息的发布工作，及时回应社会关切，保证及时向公众传达透明、准确的信息，确保社会大局稳定。

5. 强化专业安全评估工作

安全生产法规定，县级以上地方各级人民政府应当组织有关部门建立完善安全风险评估与论证机制，按照安全风险管控要求，进行产业规划和空间布局，并对位置相邻、行业相近、业态相似的生产经营单位实施重大安全风险联防联控。加强重点领域监管，强化事故防范能力，根据生产经营活动的安全风险特点，常态化开展消防系统、电气系统、库房仓储等设备设施的专业安全评估工作，及时消除常规安全检查难以发现的潜在事故隐患和问题，不断提升生产经营活动的安全水平。

（二）案例中暴露的问题[①]

1. 多车间违规生产

一方面，恒达科技有限公司实际生产的产品与项目备案、安全条件审查时申报的产品不一致。调查组检验发现，二车间是爆炸核心区。在现场看到，二车间整体结构损毁严重。经过高温灼烧，楼体内部的钢筋结构已扭曲，变成了锈红色。三楼平台整体塌陷，近2米高、直径1米左右的反应釜从楼上落下，斜躺在地上。事故发生后，调查组到达现场首先要寻找车间中的各种生产原料，并由此推断哪些原料可能引发爆炸。虽然该公司的技术负责人坚称该车间生产的是5-硝基间苯二甲酸，但事故调查组专家未发现生产5-硝基间苯二甲酸的必备原料——硫酸，经调查组询问负责人才承认二车间二层正在生产三氮唑，三层正在生产咪草烟，三氮唑是一种农

---

① 资料来源：《19死12伤的江安"7·12"重大爆炸着火事故，有了初步调查结果》，《新京报》2018年7月18日。

药原药，咪草烟则是除草剂，这和事故前报批的产品完全不一致。这种同一车间同时生产多种产品的做法，存在很大安全隐患。经过初步调查，调查组判断发生爆炸的很可能是生产咪草烟的二车间三层。7月12日上午，二车间的工人对反应釜进行了投料，中午开始进行脱水操作。下午6时左右，脱水基本结束，6时30分进行了交接班，6时42分就发生了大爆炸。除了二车间，三车间也未按照审批内容正常生产。三车间原本报批生产2-苯甲酸，但没有完整的污水处理系统，在处理污水时是使用白色塑料桶装过氧化氢对废水进行氧化和脱色处理。另外，该企业还存在违规操作问题。事故发生时，四车间正进行邻乙基对硝基苯胺的中试。调查组专家表示，国家安全生产监督管理机关曾经发文，禁止在生产区内建设中试场所。

2. 未通过安全设施设计专篇审查

安全设施设计专篇是对安全设施在工程中布局和安装等进行的专门设计，专篇通过审查后，才能开始施工。在7月13日的"7·12"江安恒达爆燃重大事故新闻发布会上，江安县安监局副局长介绍，立项后，江安县安监局对恒达科技进行了安全条件审查、安全设施设计专篇审查，但直到事故发生时，安全设施设计专篇审查仍未通过。在安全设施设计专篇审查未通过的情况下，恒达科技的车间、办公楼、分析室等主要建筑已建设完毕。宜宾市和江安县的安监部门责令其停止建设，并对其处以罚款。此外，江安县安监部门、消防部门也对恒达科技进行了多次检查并作出罚款、责令停产等行政处罚，但直到事故发生时，恒达科技仍在生产。

3. 存在诸多安全隐患

通过事故调查组的调查，发现该企业的建筑和设备中存在诸多安全隐患。一是该企业办公楼使用的不是钢化玻璃，而化工厂的建筑明确规定必须使用钢化玻璃。二是三车间有几台提供冷冻盐水的白色冷冻机，使用冰冻盐水可以对化工生产过程起到较好的散热效果，但冷冻机只有一个泵，很容易导致整个冷却系统失效，这也是安全隐患。三是该企业生产时并未按照要求安装消防泵。四是消防泵房旁预留的自动化控制室中，只安装了空调，并未实现自动化控制。企业生产过程中涉及多种重点监管危化品和重点监管工艺，但其自动化控制系统、可燃和有毒气体报警系统及消防水系统等安全设施均未安装就开始试生产，一旦出现险情，企业自身根本不具备应急处置能力。

4. 管理人员、一线工人缺乏化工从业经验

医药化工的合成过程当中有很多涉及重点监管的危化工艺，但企业实际控制人以前是从事机械加工业的，无化工学历和从业经验，却负责危化品建设项目筹建并给企业承揽代加工生产合同，对医药化工生产的风险缺乏认知。恒达科技的工人中很多是管理人员的亲友，学历和操作技能普遍偏低，也未经过培训。技术都是靠以前从外厂带来的经验，缺乏现场操作规程。工人的操作技能仅由车间主任或技术负责人传授。调查组发现，在原料入库前缺乏检验程序，多数工人不懂生产工艺。

三、预防和处置安全生产事故协同治理机制的优化措施

（一）落实协同治理多方主体责任

进一步落实地方党政领导责任、部门监管责任和企业主体责任，结合安全生产专项整治三年行动，抓紧开展安全风险隐患排查，深入推进危化品领域风险整治，加强煤炭和非煤矿山风险整治，大力开展交通安全风险整治，统筹抓好景区景点、学校、建筑工地、油气、电力等风险整治，坚决防止发生重特大安全事故。构建统一指挥、专常兼备、反应灵敏、上下联动的应急管理体制，加强应急预案管理，实施应急预案标准化管理，健全完善应急预案体系，落实各环节责任和措施，实现预警发布精准，抢险救援精准，恢复重建精准，监管执法精准。

（二）全面实行安全生产清单制管理

滚动式、梳篦式排查各类风险隐患，建立安全生产清单制度，落实整改违规企业。落实"九项制度"，加强重点行业领域专项整治，严厉打击安全生产违法行为，坚决防范遏制重特大生产安全事故发生。实施应急救援能力提升三年行动计划，确保县级应急指挥中心建成投用。严格落实安全生产法，完善属地管理责任清单、行业监管责任清单、企业主体责任清单，抓好重点行业、重点企业、重点时段安全生产工作，坚决防止重特大生产安全事故发生。

（三）完善安全生产目标绩效考核制度

强化安全生产党政同责工作目标绩效管理考核，严格落实管行业必须管安全、管业务必须管安全、管生产经营必须管安全的要求，针对道路交通、煤矿和非煤矿山、危化物品、消防、建筑施工等重点行业，突出食品药品监管、人员密集场所等重点领域，持续开展专项检查和隐患治理。

参考文献

[1] 乌尔里希·贝克. 风险社会 [M]. 何博闻, 译. 南京: 译林出版社, 2004.

[2] 郑巧, 肖文涛. 协同治理: 服务型政府的治道逻辑 [J]. 中国行政管理, 2008 (7).

[3] 敬乂嘉. 合作治理: 再造公共服务的逻辑 [M]. 天津: 天津人民出版社, 2009.

[4] 杨永慧, 熊代春. 协同治理: 公共危机治理的新路径 [J]. 领导科学, 2009 (11).

[5] 解亚红. "协同政府": 新公共管理改革的新阶段 [J]. 中国行政管理, 2004 (5).

[6] 周志忍, 蒋敏娟. 整体政府下的政策协同: 理论与发达国家的当代实践 [J]. 国家行政学院学报, 2010 (6).

[7] 孟庆国, 吕志奎. 协作性公共管理: 对中国行政体制改革的意义 [J]. 中国机构改革与管理, 2012 (2).

[8] 赖先进. 论政府跨部门协同治理 [M]. 北京: 北京大学出版社, 2015.

[9] 郭雪松, 朱正威. 中国应急管理中的组织协调与联动机制研究 [M]. 北京: 中国社会科学出版社, 2016.

[10] 韦彬. 跨域公共危机整体性治理研究 [M]. 北京: 知识产权出版社, 2019.

[11] 曼瑟尔·奥尔森.集体行动的逻辑［M］.上海：格致出版社，2019.

[12] 约翰·杜威.民主主义与教育［M］.王承绪，译.北京：人民教育出版社，1990.

后　　记

党的二十大提出要提高防范化解重大安全风险能力，严密防范系统性安全风险。防控重大安全风险，事关人民群众生命财产安全、国家安全和发展全局。要充分认识和把握安全风险的规律特点。近年来，我国自然灾害和安全生产形势保持了总体平稳，但安全风险在增加，安全形势更趋复杂，既有存量风险又有增量风险，城市高风险和农村不设防的安全状况没有根本改变，重点行业领域的高风险特征没有根本改变，事故隐患大量存在的现状没有根本改变，外部环境深刻复杂的新问题新风险又不断增加。呈现出灾害事故隐患多与抗灾设防标准低、本质安全水平低叠加，灾害事故的直接损失和衍生影响、放大效应叠加，历史积累的矛盾和新业态、新风险叠加的特征。

坚持底线思维，增强忧患意识，着力防范化解重大安全风险，是习近平新时代中国特色社会主义思想的重要内容。因此，作为应急管理领域的研究人员，有责任和使命研究防范化解重大安全风险协同治理机制的相关问题。本书从中央关于防范化解重大安全风险的政策要求与现实需要入手，以协同治理理论、集体行动理论、风险管理理论等为分析工具，以构建政府、社会、市场三者协同治理的主体结构、运行机制、保障机制、评价机制及实践分析为研究主线，从研究基础、机制构建、治理评价、实践运用四个层面依次由低到高逐层开展研究，以期为从事应急管理方面的研究、教学、培训及实践工作的同志提供参考。

后 记

本书共分为七章，第一章是防范化解重大安全风险协同治理机制理论阐释；第二章是梳理防范化解重大安全风险协同治理的系统构成；第三章是防范化解重大安全风险协同治理主体结构；第四章是防范化解重大安全风险协同治理运行机制；第五章是研究防范化解重大安全风险协同治理保障机制；第六章是研究防范化解重大安全风险协同治理评价机制；第七章是总结防范化解重大安全风险中协同治理机制的实践。

本书由中共四川省委党校（四川行政学院）应急管理培训中心的几位老师共同完成。由陈旭教授设计写作提纲并负责前言、后记及第六章的撰写，同时负责全书统稿和整个撰写组织工作；黄颖老师负责第一章的撰写；曹静讲师负责第二章的撰写；龚会副教授负责第三章的撰写；吴险峰副教授负责第四章的撰写；吴蔚老师负责第五章的撰写；阿海曲洛老师负责第七章的撰写。在写作和出版过程中，得到了中共四川省委党校（四川行政学院）的领导和专家们的大力支持，得到了学校科研处的大力支持，得到了四川长征干部学院的支持，特别是得到了国家行政学院出版社的倾心帮助，书中参考引用了国内外学者各方面的研究成果，有的注明了出处，有的没有注明出处，在此，表示深深的感谢！

由于作者的水平有限，应急管理的实践经验尚有不足，书中难免存在疏漏和错误之处，恳请读者批评指正。

作者

2022 年 11 月